Eduard Schwartz

Fünf Vorträge über den griechischen Roman

Eduard Schwartz

Fünf Vorträge über den griechischen Roman

ISBN/EAN: 9783743331860

Hergestellt in Europa, USA, Kanada, Australien, Japan

Cover: Foto ©Thomas Meinert / pixelio.de

Manufactured and distributed by brebook publishing software
(www.brebook.com)

Eduard Schwartz

Fünf Vorträge über den griechischen Roman

Fünf Vorträge

über den

Griechischen Roman

von

E. Schwartz

Berlin

Druck und Verlag von Georg Reimer

1896

Meinen Schwestern

Marie und Ida Schwartz

gewidmet

Vorwort

Die Vorträge über den griechischen Roman, welche ich in diesem Buch dem gebildeten Publicum vorlege, sind im Freien Deutschen Hochstift in Frankfurt a. M. am Anfang dieses Jahres gehalten. Ich dachte ursprünglich nicht daran sie zu veröffentlichen und entschloss mich erst dazu, als aus dem Publicum heraus mehrfach der Wunsch laut wurde dem trügerischen Gedächtniss des Ohres die Aufgabe zu erleichtern, die dadurch noch besonders erschwert war, dass ein sehr verschiedenartiger Stoff in sehr rascher Folge der schnell vorübereilenden Rede hatte anvertraut werden müssen. Verpflichtete schon dieser Wunsch dazu von wesentlichen Aenderungen des Gesprochenen abzusehn, so wurde jede nach der gelehrten Seite hin erweiternde Umgestaltung durch die Voraussicht ausgeschlossen, dass dann die unter dem Zwang des Augenblicks gewordene Form zerfallen und die freigewordenen Gedanken auf und davon flattern würden um sobald nicht wieder eingefangen zu werden. Ich ahne freilich dass manche Fachgenossen es mir übel nehmen werden dass ich gar keine Citate als sichtbare Grenzpfähle zwischen meinem und fremdem Eigenthum aufgerichtet habe; ich fühle selbst dass es ein bedenkliches Wagniss ist Hypothesen in die Welt zu setzen und die strengen Beweise schuldig zu bleiben: aber ich konnte mich nicht überwinden das strenge Stilgesetz zu brechen, das den grössten Vorzug der zum Sprechen bestimmten Rede bildet und anorganische Anbauten, wie es Anmerkungen unter und nach dem Text nun einmal sind, fern hält. Lieber verzichte ich auf alle gelehrten Praetentionen; denn wie die Vorträge so ist das Buch lediglich bestimmt für die gebildeten — das Wort im vollen Sinne genommen — Männer und Frauen die auch in jetzigen Zeitläuften den warmherzigen Glauben an das Hellenenthum sich nicht ausreden lassen und von der Wissenschaft verlangen dass sie ihnen die Namen und Schatten umforme zu Leben besitzenden und Leben gebenden Bildern, ein Verlangen das von seinem Recht nichts verliert, wenn auch der einzelne Mensch nie das Ideal erreicht.

Giessen, im August 1896

E. Schwartz

„Der Griechische Roman" ist ein Titel der für Hörer
und namentlich Hörerinnen einen reizvolleren Klang hat
als für den der darüber sprechen soll und die vielleicht
hochgespannten Erwartungen nicht gar zu sehr enttäuschen
möchte. Das Publikum ist der festen Ueberzeugung dass
es bei den Hellenen so gut wie bei uns Bücher gegeben
haben muss mit Erzählungen und Geschichten in denen
sie sich kriegen oder nicht kriegen, die mit einer Heirat
enden oder mit einem Selbstmord, wenn auch nicht durch
die Pistole, so doch durch Gift oder den nobleren Dolch,
Bücher die zum Lachen rühren oder zum Weinen oder
beides, die nicht zu kurz und nicht zu lang sein dürfen,
die lediglich das stoffliche Interesse pflegen und durch
poetische Form oder gehobene Sprache keine zu hohen
Anforderungen an den jede, auch nur aesthetische, An-
strengung scheuenden Geschmack der Leser und Leserin-
nen stellen, mit einem Worte Bücher die nur unterhal-
ten wollen. Zweifellos hat es auch bei den Hellenen
eine Unterhaltungslitteratur gegeben, wenigstens von der

Zeit an in welcher die Bildung weite Kreise umfasst und das gelesene Buch das gesprochene Wort des Dichters ersetzt. Wenn man mich nun aber weiter fragt was das für Bücher gewesen sind und was darin erzählt wurde, so bin ich nicht nur darum in arger Verlegenheit, weil höchst wahrscheinlich ein grosser Teil dieser Litteratur die Ueberschrift verdienen würde „Für Junggesellen“. Diese Litteratur ist — die anständige so gut wie die unanständige — untergegangen, und wir brauchen ihr ebenso wenig Thränen nachzuweinen wie den Tausenden von Unterhaltungsromanen die in unserem gesegneten Zeitalter von männlichen und weiblichen Händen Jahr aus Jahr ein hervorgebracht werden, um nach kurzem Dasein wieder im Orcus zu verschwinden, klanglos wie es sich für das Gemeine gehört.

Nun wäre es aber ungerecht gegen den modernen Roman, wenn wir in ihm nichts weiter sehen wollten als eine Geisteswaare die nur dazu bestimmt ist der lese- und unterhaltungsgierigen Nachfrage derjenigen Kreise die Zeit genug haben sich zu langweilen, immer wieder zum Consum vorgeworfen zu werden.

Man denke sich einmal dass über unsere Litteratur des 18. und 19. Jahrhunderts eine ähnliche Katastrophe hereinbräche wie über die antike, dass etwa 90 Prozent verloren giengen. Man würde dann vielleicht nicht mehr über die Fehler und Vorzüge von Spielhagen, Ebers, Felix Dahn, B. Auerbach, Sacher Masoch u. s. w. geistreich discutiren können, aber das würden wir trotz aller Zerstörung wissen dass der Roman in diesen Jahrhun-

derten sehr viel und immer mehr für die poetische Production bedeutet hat. Allein die Thatsache dass Goethe
die Wahlverwandtschaften in der Form des Romans geschrieben hat, würde völlig ausreichen zum Beweis dass
der Roman ein Gefäss war in dem auch edelste und
echteste Poesie Raum fand. Für die hellenische Litteratur trifft das nicht zu: es ist kein Zufall, dass wir von
keinem griechischen Roman wissen, der das Praedicat
eines classischen, rein poetischen Products verdiente. In
den griechischen Stil übertragen, müssten die Wahlverwandtschaften zu einem Epyll in Hexametern oder
Distichen werden und die Personen sichs gefallen lassen
als Figuren irgend einer Sage oder Legende aufzutreten;
schliessen würde das Ganze mit einer Metamorphose
oder der Stiftung eines Festes zum Andenken an das
unglückliche Liebespaar. Eine solche Dichtung würden
wir uns doch wohl bedenken Roman zu nennen, nicht
so sehr wegen der metrischen Form — giebt es doch
auch bei uns Romane in Versen, die sich von den prosaischen lediglich dadurch unterscheiden, dass sie weniger
gelesen werden — als weil das moderne Bewusstsein das
hellenische Stilgesetz nicht begreift, das den Dichter der
eine ernsthafte Begebenheit erzählen will, zwingt sie
in die Sage hinein zu projiciren, obgleich es ihm un-
benommen ist seine Menschen so seiner eigenen Zeit entsprechend denken und reden zu lassen, wie es ihm beliebt.
Dies Stilgesetz, die im Lauf der Entwicklung marmorfest
gewordenen Formen und Gattungen der ernsten Poesie
haben verhindert dass in der griechischen Litteratur ein

Gewächs fortkam und gedieh, das in directe Analogie zu
unserem Roman gestellt werden könnte; nur auf sehr
verschlungenen Wegen, in entlegenen Winkeln ist etwas
derartiges zu Stande gekommen und erst ganz spät in
die Litteratur erster Classe eingedrungen.

Ein zwar nicht ursprüngliches, aber in der historischen Entwicklung an Bedeutung stetig zunehmendes
Moment des modernen Romans ist seine Tendenz das
zeitgenössische, das gegenwärtige Leben darzustellen. Der
griechischen Poesie geht diese durchaus nicht ab; das
ionische Epos und die attische Tragoedie geben ein treues
Spiegelbild der Zeiten in und für die sie geworden sind,
und man thäte diesen Dichtern schweres Unrecht, wenn
man leugnen wollte dass sie für die lebendige Gegenwart kein Auge und kein Herz gehabt hätten. Aber zur
Poesie grossen Stils gehört dem Hellenen nun einmal die
Sage; was die Gegenwart bringt, das muss zu einem
neuen Faden in dem Gewebe der Sage werden, sonst hat
es keine Existenzberechtigung im Reich der Musen. Dafür hört auch der Hellene aus der Sagenpoesie ohne
weiteres das was in ihm lebendig ist, heraus und empfindet den Mythos mit nichten wie wir als die Ver-
kleidung eines dunklen und sonderbaren Geheimnisses.
Die nackte blosse Gegenwart, die brutale Wirklichkeit
des Tages ist nach hellenischen Begriffen nur verwendbar
in der poetischen Predigt, einer sehr merkwürdigen Gattung, auf die ich hier nicht eingehen kann, oder im Spott-
gedicht, in allen poetischen Formen die dem Hohn und
dem Gelächter dienen. Und auch da ist die consequente

Regel, dass der komische Realismus die Form entlehnt von der hohen Poesie. Die jüngere attische Komoedie, die eingestandener Massen ihren Ehrgeiz darin setzt ein Spiegel des Lebens zu sein, borgt ihre Formen und Motive von der Tragoedie des Euripides. Als der epische Sang in Ionien noch lebendig, aber schon überreif war, da entstand dort ein Scherzepos, dessen Held Μαργίτης hiess, zu deutsch Dummbart, und so dumm war, dass er weder Hacke noch Pflug führen konnte. Sicher sind in diesem Scherzepos die Narrenstreiche jenes Wackeren erzählt, und mancher könnte versucht sein hier den Keim des Schelmenromans zu sehen. Aber der Keim hat sich nicht entwickelt. Der Uebermuth der technisch gewandten, innerlich von der Heldensage nicht mehr ergriffenen Sänger hat sich den Spass gemacht einmal die heroischen Abenteuer zu travestiren durch einen gemeinen Helden und diese Travestie auch äusserlich dadurch gekennzeichnet, dass in den feierlichen Stelzengang des Hexameters öfter der Vers des Iambos, des realistischen, volksthümlichen Spottgedichts eingestreut wird. Mit dem Aufhören des Epos hört auch die Travestie des Epos auf, und was uns von possenreissenden, travestirenden Sängern der späteren Zeit berichtet wird, zeigt deutlich dass es zu einer Gattung von komischen Erzählungen grösseren Umfangs nicht gekommen, jener scheinbare Keim des Schelmen- und Narrenromans nicht entwickelt ist.

Nur an der westlichen Peripherie der griechischen Cultur, in Unteritalien und Sicilien hat es der poetische Realismus zu einem selbständigen Gebilde, zu dem sogen.

Mimos gebracht. Der Mimos stilisirt nicht und travestirt nicht, was ja doch nur die Umkehrung des Stilisirens ist, er will Typen des Volks in ihrem Leben und ihrer Rede darstellen ohne irgend einen anderen Zweck, vor allem ohne den Anspruch auf eine sei es epische, sei es dramatische Handlung. Er ist eigentlich keine litterarische Gattung, sondern verlangt die Improvisation; herumziehende Possenreisser traten auf und agirten keifende Weiber, klatschende Damen, verliebte Mädchen, schimpfende Fischer, u. s. w. was ihnen gerade zur Hand war, nur möglichst drastisch und lebenswahr. Erst spät sind solche Sachen aufgezeichnet; wir kennen nur einiges davon in dem eleganten, mit den derben Naturkindern pikant contrastirenden Costüm das alexandrinische Dichter ihnen geliehen haben. Diese Art von echtem, selbst in der Bearbeitung auf uns Moderne ganz unmittelbar wirkenden Realismus ist nicht hellenisch, sie ist italisch, und die Griechen der hesperischen Halbinsel haben hier ein fremdes Reis in ihren Garten geholt; als das Pflänzchen in die vornehme Litteratur hinein sollte, da hat es stark beschnitten werden müssen. Ein Roman konnte sich daraus auf griechischem Boden nicht entwickeln; in der lateinischen Litteratur sind die drastischen Schilderungen des Lebens, die auch die plebejische Sprache übernahmen, die glänzendste Zierde des glänzenden Romans des Petron, jenes genialen Lumpen, der mit derselben vornehmen Nonchalance die Feder führte, dem Kaiser Nero als maître de plaisir diente und sich schliesslich die Adern öffnete um dem Blutbefehl des Caesaren

zuvorzukommen: dadurch dass er seinem Roman diese
realistischen Scenen einverleibte, hat er ihm ein italisches
Gepräge von einer Kraft gegeben, wie sie bei den Werken
der lateinischen Litteratur nicht häufig ist. Aber gerade
das ist absolut unhellenisch.

Fällt so ein wesentliches Element des modernen
Romans in der griechischen Litteratur fort, so gilt dasselbe
von einem zweiten, das mit der oben angeführten modernen
Tendenz im Roman ein Bild des gegenwärtigen Lebens
zu geben eng zusammenhängt. Man erinnere sich einmal an einige allgemein als classisch anerkannte Romane
wie den Don Quixote, den Gil Blas, Tom Jones, Wilhelm
Meister, David Copperfield; sofort findet man als gemein-
schaftliches Merkmal, dass hier nicht nur ein breites Bild
von Zuständen und Ereignissen aufgerollt wird, sondern
dass alles sein Interesse und seine Farbe bekommt durch
die Beziehung auf die Hauptperson, auf den Seelenzustand
oder die innere Entwicklung des Helden. Es sind innere,
psychologische Vorgänge und Zustände, die dem Dicht-
werk erst das eigentliche Leben geben; der Held interessirt
uns keineswegs allein oder auch nur vorzüglich durch das
was er thut, sondern vielmehr durch das Verhältniss das
zwischen ihm und der Aussenwelt besteht, er ist auch
nicht etwa nur eine bequeme Figur der der Dichter als
Thaten, Leiden, Beobachtungen das anhängt was er erzählen oder schildern will, sondern alles äussere wird erst
lebendig dadurch dass es auf die Seele des Helden pro-
jicirt wird. Man kann das vielleicht etwas extrem, aber
doch richtig so formuliren: in diesen modernen Dichtungen

ist der Mensch nicht mehr ein mehr oder minder wichtiges
Glied der Welt, sondern die Welt ist gewissermassen nur
der Apparat der dazu dient die Seele des Menschen zu
zeigen in dem Bilde das die Welt in dieser Seele her-
vorruft. Etwas derartiges ist der griechischen Poesie
ganz fremd. Sie kennt psychologische Probleme, Euripides hat sich sogar sehr feine gestellt; aber immer ist das
Problem, wie sich eine bestimmte Anlage oder eine
bestimmte Leidenschaft unter bestimmten Umständen in
Handlung umsetzt; der Seelenzustand hat als Motiv Interesse, nicht an und für sich. Plato, Aristoteles, Theo-
phrast haben Charakterschilderungen entworfen von un-
heimlicher Treue grade in den kleinen Zügen, aber das
sind stets Typen des Tyrannen, des Oligarchen, des grand
seigneur, des Schwätzers u. s. w., nie die anatomische
Zergliederung eines Individuums, das gerade darum indi-
viduell ist, weil es keine typenbildende Eigenschaft im
Uebermass zeigt. Wohl kennen wir ein antikes Indivi-
duum das uns mit vollendeter Wahrheit und Treue geschildert hat wie das was um ihn her vorgieng, in seiner
reichen, feinorganisirten, auf jeden Druck reagirenden
Seele sich spiegelte, das ist M. Tullius Cicero in seinen
Briefen an seinen Freund Atticus. Aber wohlgemerkt,
das sind Briefe, die er nur dem Auge des zuverlässigen
Freundes bestimmte, bei denen er an die Oeffentlichkeit
nicht dachte, die erst lange nach seinem Tode ans Licht
gezogen sind: diese Briefe sind gar kein litterarisches
Product im eigentlichen Sinne, sind höchstens Rohmaterial
für eine psychologische Geschichte, und ein antiker Poet

oder Historiker würde nie daran gedacht haben sie in dem Sinne zu verwerthen. Es ist im tiefsten Grunde der Gegensatz der christlichen und antiken Weltanschauung, dass der moderne psychologische Roman dem Alterthum fehlt. Dem Christen ist die individuelle Seele, auch die kleine, unbedeutende, deren Träger nichts, wie man so sagt, leistet, an und für sich etwas absolut werthvolles als ein Glied der Ewigkeit im Gegensatz zu dieser Welt der Sünde und Vergänglichkeit, dem Griechen ist der Gegensatz fremd: Gott ist in ihm und ausser ihm, und er sieht ihn so gut wie er ihn fühlt. Die erste psychologische Geschichte hat ein Christ geschrieben, es sind die *confessiones* Augustins.

So fehlt den Hellenen der Roman als echt poetische Erzählung einer ernsten, leidenschaftlichen Begebenheit, als Darstellung des Lebens der Gegenwart, als psychologische Geschichte, und ich sehe mich zu dem Geständniss genöthigt dass es einen griechischen Roman nicht giebt, wenigstens keinen über den es sich lohnte vor einem nicht fachwissenschaftlichen Publicum zu reden: denn wollte ich die wenigen Producte des ausgehenden griechischen Alterthums die man sich gewöhnt hat Romane zu nennen, in den Mittelpunkt der Betrachtungen stellen, so würde sich das Panorama der griechischen Litteraturgeschichte, weil von einem verkehrten Standpunkt aufgenommen, sonderbar verzerrt ausnehmen. Es ist immer eine eigene Sache solche modernen Begriffe welche die Probe einer Uebersetzung ins Griechische nicht bestehen, in die Litteraturgeschichte der Griechen einzuführen, eines

Volkes das wenn irgend eines, ein feines Gefühl für die Gattungen der Poesie hat und dessen Sprache eine unendliche Fülle von scharfen, klaren und unzweideutigen litterarischen Begriffsbestimmungen ausgeprägt hat. Es hilft nichts, wir müssen den Titel „Griechischer Roman" aufgeben und etwas anderes an die Stelle setzen: ich will auch gleich sagen was: das Romanhafte in der erzählenden Litteratur der Griechen. „Romanhaft" lässt sich griechisch wiedergeben: das ist ψεῦδος, nicht Lüge, sondern bewusste Erfindung, und τερατολογία, wunderbare phantastische Geschichten. Damit bekommen wir eine reiche Sphäre von Motiven und Formen, die zu allen Zeiten bei dem fabulirenden Hellenenvolk eine grosse Rolle gespielt haben und deren Wirkung und Verbreitung zu untersuchen für das Verständniss grosser und wichtiger Zweige der hellenischen Litteratur unerlässlich ist.

Die poetische Form der Erzählung ist bei den Hellenen das Epos oder dessen Ableitung, das Epyll, die prosaische die ἱστορία, das heisst nach dem ursprünglichen Wortsinn der Bericht von dem was man gesehen und gehört hat, so dass die Reisebeschreibung z. B. mit dazu gehört oder, wie wir sagen würden, die Geographie ein Theil der Geschichte ist. Es darf ferner unter keinen Umständen übersehn werden dass dem Griechen der Unterschied zwischen Sage und Geschichte entweder überhaupt nicht vorhanden oder doch ein fliessender ist. Der griechische Epiker hat mit Nichten das Recht der absolut freien Erfindung wie der moderne, er kann die überkommene Sage verändern, umdichten, wie er will, aber ihren Boden darf er nicht verlassen. Er kann z. B. den Tod Achills auf die verschiedenste Weise darstellen, aber er kann den göttlichen Helden nicht alt werden lassen, er kann Odysseus hinbringen wohin er Lust hat, aber er würde für einen Lügner gelten, wenn er von Odysseus Heimkehr dasselbe erzählen wollte wie von der Agamemnons. Umgekehrt giebt der Historiker wieder was er gehört hat, und Vater Herodot hält sich nicht für verpflichtet diese Ueberlieferungen zu sondern und ein neues daraus zu machen, ja er unterscheidet sich eben dadurch vom Dichter, dass er auf die Umgestaltung des Ueberkommenen verzichtet. Für alle beide, für den Epiker und den Historiker bedeutet das Romanhafte — und die griechischen Worte drücken das noch deutlicher aus — eine Entfernung von dem festen Boden der Tradition und der Ueberlieferung. Will der Dichter seiner Phantasie die Zügel schiessen lassen, so muss er zu fremden Ländern und Völkern an den Rand der Erde gehn, davon kann er Wunderdinge zusammenfabuliren nach Herzenslust; will der Geschichtschreiber mehr geben als die Ueberlieferung, will er künstlerisch wirken, die Phantasie seiner Leser reizen, so setzt er in den Rahmen der gegebenen Thatsachen seine Ausmaluugen, die bewussten Erfindungen einzelner Züge hinein. Im ersten Fall wird das Epos zu einer Art Robinsonade, im zweiten die Historie zu einer Art von historischem Roman; aber wohlgemerkt, diese Entwicklung spielt sich innerhalb der gegebenen Formen ab und schafft keine oder doch nur in bedingtem Sinne neue Gattungen. Es giebt in der griechischen

Litteratur ein der Robinsonade .vergleichbares Epos, auch
Erzählungen, die unseren Robinsonaden sehr nahe kommen,
aber der Form nach gelten sie stets als Epen oder ἱστορία;
es giebt historische Darstellungen die wimmeln von
romanhaften Entstellungen der geschichtlichen Vorgänge
und lediglich auf das Ergötzen der Leser speculiren, aber
sie bleiben doch stets Geschichtschreibung und sind wohl
der Wirkung, aber nie der Form nach historische Romane
im modernen Sinne.

Es war nothwendig eine Weile in dem leider etwas
sandigen Gebiet der poetischen Theorie und litterarischen
Begriffsbestimmung umherzuschweifen, um von vornherein
Irrthümer abzuschneiden, die für das richtige Verständniss
des Folgenden verhängnissvoll werden könnten, und die
Sphäre so bestimmt als möglich abzugrenzen, aus der ich
die litterarischen Bilder nehmen werde, die ich nun vor-
führen will. Denn nur einzelne Bilder besonders charakteristischer Art und solche Erscheinungen die aus welchen
Gründen immer dem modernen Bewusstsein besonders
nahe stehn, kann ich hier geben, und ich muss
mich damit begnügen den historischen Zusammenhang
zwischen diesen Bildern nur kurz anzudeuten; den über-
reich quellenden Stoff in behaglicher Breite dahin-
strömen zu lassen ist schon darum nicht möglich,
weil dann auch sehr complicirte, nur dem Fach-
mann verständliche Untersuchungen und Combinationen
mit vorgetragen werden müssten. So ist wohl jeder
genügend darüber orientirt, was er nicht erwarten darf, und ich kann nun nach Erledigung all

dieser oratorischen Vorsichtsmassregeln zur Sache selbst
übergehn.

Die Wiege der hellenischen Litteratur und damit der
hellenischen Nationalität ist die kleinasiatische Küste.
Hier, unter einem lachenden, milden Himmel, auf einem
üppigen Boden, an den Buchten eines mit verwirrender
Mannigfaltigkeit in das Land sich einschmeichelnden
Meeres erwuchs aus den Stürmen der griechischen Völkerwanderung ein reicher Kranz von Pflanzstädten, die sehr
rasch das Mutterland weit überflügelten. Der Zwang ein
neues Leben zu schaffen, die harten Kämpfe mit den
Urbewohnern und untereinander, das gesunde sich rühren
auf der durch eigene Kraft gewonnenen Erde erzeugten
ein Geschlecht von Königen und Adlichen, deren freies
und stolzes Leben in sicherer, kraftvoller Männlichkeit
dahingieng und so der richtige Boden war für eine Heldensage. Die ist denn auch erstanden, zuerst im Norden, in
der Aeolis, um dann zu den südlichen Nachbarn, den Ioniern
zu gelangen, bei denen sie ihre volle Ausbildung und vor
allem ihr Gefäss, das Epos fand. In Kleinasien sammel-
ten sich die Reste und Trümmer unendlich vieler Clans
und kleiner Stämme, die die Völkerwanderung losgerissen,
umhergeschleudert, auseinandergeschlagen hatte, und ver-
schmolzen in allmählichem organischem Werden zu neuen,
grösseren Stammeseinheiten. Es ist eine geschichtliche
Erfahrung, dass solche Mischungen verschiedener Elemente
die vorhandenen Anlagen und Potenzen steigern und das
Volksthum reicher und mannigfaltiger machen, ja gewissermassen erst aufschliessen: so giengs auch hier.

Aber keinem Stamme ist eine so feine Mischung zu Theil geworden, eine so reiche Fülle glänzender, freilich auch verhängnissvoller Gaben, wie dem ionischen. Nie wieder hat es ein Menschengeschlecht gegeben, das so scharf beobachtet hätte, das mit so unbändigem Drang daran gegangen wäre die weite schöne Welt, die vor ihm lag, sehend und schauend sich zu eigen zu machen. Weit geöffnet, spiegelklar ist das Auge dieser Ionier, und die Fülle der Bilder, die wie fluthende Sonnenstrahlen in den ionischen Geist unablässig einströmten aus dem unendlichen Leben der Natur, aus dem Treiben der Menschen, aus allem was er sah und hörte, trieb gewissermassen alle Schatten und Wolken der Reflexion, der sich einsam quälenden und abschliessenden Selbstbetrachtung hinaus. Kein griechischer Stamm hat so rücksichts- und zügellos sich seinen Leidenschaften hingegeben und sie so büssen müssen wie die Ionier; aber auch die spielen sich ab wie Naturereignisse, unbekannt mit zersetzender Dialektik, mit dem Schwanken und Schaukeln der in sich selbst herumwühlenden Empfindung. Das war ein Volk wie geschaffen zum Erzählen, zu dem echten, wirklichen Erzählen, bei dem der Erzähler sich vergisst über der lauteren, ungemischten Freude an den Reihen lebendiger Bilder, die in immer neuer Folge, mit müheloser Freiheit sich ihm vor das Auge stellen. Erst die Ionier haben die von Aeolien herübergekommenen Ansätze des Epos entwickelt und in ihm der Heldensage das Bett gegraben, in dem sie viele Generationen hindurch ihre majestätischen Fluthen ruhig und sicher dahinwälzen sollte, mit er-

frischendem Hauch die heisse Gluth der Lebenskämpfe
lindernd, in denen sich die ionischen Ritter tummeln
mussten und tummeln wollten. Was in der Volksseele
lebte von geschichtlicher Erinnerung an Ruhmesthaten
und Katastrophen der Vorzeit, das sich sofort zur Erzählung krystallisirende ethische Empfinden, die mehr und
mehr sich formenden Vorstellungen von göttlichen und
doch menschenähnlichen Gestalten, das fand durch die
Zunft der umherziehenden Sänger seinen Weg in das
Epos, und die Fülle der Production wäre in ihrer Masse
erstickt und zu einem blöden Wirrwarr geworden, wenn
nicht das merkwürdige, uns modernen Menschen so schwer
verständliche Leben der Sage die Dichter gezwungen hätte
sich auf die überlieferten Stoffe zu concentriren und
immer wieder anzuheben von Ilios und Theben, von
Achill und Hektor, von Oedipus und Adrast, und wie
die wohlbekannten alten Gestalten alle hiessen, von denen
ohne Unterlass neues und doch dasselbe sich erzählen
liess. In die ernsten und pathetischen Accorde dieser
heroischen Symphonie klang erst in jüngerer Zeit und
wie etwas Fremdes die teratologische, von fernen Landen
fabulirende Weise hinein. Sie ist der Widerhall eines
neuen Lebens, das für die Ionier begonnen hatte, seit sie
dem Reiz des Meeres trauend sich auf ihren gebrechlichen
Schiffen hinauswagten ins Schwarze Meer, bis da wo die
Schneegipfel des Kaukasus die Erdscheibe abzugrenzen
schienen vom Okeanos, dem Fluss über den man ins
Land der Götter und der Todten fährt, oder an die Küsten
Afrikas, wo auf den Triften am Rand der Wüste so

zahllose Schafe und Ziegen weiden konnten, wo so köstliche Kräuter und Spezereien wuchsen. Die *recken lobebaere*, die erzgepanzert in die Schlacht zogen zum Zweikampf mit dem vornehmen Gegner oder im ritterlichen Kampfspiel mit einander turnirten, machten dem Rheder und dem Seefahrer Platz, der an jedem günstigen Fleckchen seine Factoreien gründete, klug und listig, das Dreinschlagen vermeidend, mit den Eingeborenen pactirte und feilschte, wenn die Gelegenheit günstig war, auch den Seeraub oder die Plünderung einer offenen Ortschaft an der Küste nicht verschmähte. Noch ein echtes Reis keimte jetzt aus dem Baum der Sage hervor, die Dichtung von den Argonauten, für uns in ihren alten Bearbeitungen leider schwer fassbar und gewiss auch nicht so ausgereift wie die ilische und thebanische Heldensage. In ihr und neben ihr aber gedieh nun mächtig das Schiffermärchen. Wenn jemand eine Reise thut, so kann er was erzählen: es gehört gar nicht so viel Phantasie dazu um sich diese listigen, verschlagenen, lebenslustigen ionischen Schiffer vorzustellen, wie sie an den müssigen Wintertagen, wenn die Schifffahrt geschlossen ist, in der offenen sonndurchwärmten Halle am Markt sitzen, umgeben von gierig lauschenden Hörern und nun nach Herzenslust drauf los erzählen, halbe Wahrheit und ganze Lügen durcheinander, von dem Norden mit seinem Nebel und den hellen Sommernächten, von dem fruchtbaren Land in Nordafrika, wo alles von selbst wächst, und dann wieder von bösen Riesen und ungeschlachten Menschenfressern, von Leuten mit einem Aug auf der

Stirn oder mit so grossen Ohrlappen, dass sie sich damit
zudecken, wenn sie schlafen, von Zauberinnen die die
armen Schiffer in Thiere verwandeln und einsperren, von
dem gefährlichen Gesang der Meernixen, der Sirenen u.s.w.
u. s. w.; hier wuchert das teratologische, das romanhafte
wie ein lustiges Unkraut. Um es episch verwerten zu
können, musste es sich an heroische Persönlichkeiten an-
setzen. Da ist nun zunächst sehr zu beachten dass dieses
Reise- und Schifferepos die typische Form des Heeres-
zuges fallen lässt und an die Stelle einer Mehrheit von
Helden den einen Reisenden setzt. Aber eine solche
Reise eines Einzelnen bedarf eines sagenhaften oder doch
wenigstens legendarischen Fundaments, es ist für das
griechische Epos unmöglich einen beliebigen Quidam wie
Simplicissimus oder Robinson durch einen beliebigen,
alltäglichen Apparat von Stürmen und Schiffbrüchen in
die weite Welt hinauszutreiben. Der Reisende des hellenischen Epos ist regelmässig eine Gestalt aus der Legende,
er ist der Priester des Apollon, der als Bettler umher-
zieht und von den Frommen Geschenke sammelt, listig
und verschlagen wie es Pfaffen sind, immer glücklich
heimkehrend als der Schützling des Gottes von dem
fernen Ziel, das im Grunde stets das gleiche bleibt, von
dem glücklichen Land am Rand der Erde, wo in ewiger
Heiterkeit und Wonne fromme friedliche Menschen wohnen,
zu deren Opferfesten die Götter in leibhafter Gestalt
kommen, wo kein Nordwind des Winters Kälte auf die
Erde schüttet, denen die Sonne nahe ist, wenn sie bei
uns ihre wärmenden Strahlen bis ganz an den äussersten

Rand des Himmels zurückzieht. Es ist leicht zu sehen
dass diese reisenden Priester den Gott selbst agiren, den
Apollon der, wenn die Tage kleiner werden, zu den
Hyperboreern geht, um segenspendend, mit Jubel begrüsst
wieder heimzukehren, wenn im Winter die Sonne sich
wendet.

Es hat verschiedene Namen, jenes glückliche Land
zu dem der Apollonpriester und der Gott selbst wandern
und wieder heimkehren, und im Lauf der Zeiten haben
sich an die verschiedenen Namen verschiedene Aus-
gestaltungen. des Märchens vom Schlaraffenland angesetzt;
Phantasien vom Todtenreich und den Gefilden der Seligen
schillern bald mehr, bald weniger hinein: aber eine besonders liebliche Fassung ist die von den Phaeaken, den
grauen Männern. Mögen sie einmal die Schiffer gewesen
sein, die zu den Todten fahren, das ist jedenfalls ganz
zurückgetreten; in den ionischen Schiffermärchen sind sie
ein glückliches Völkchen, das am Rande der Erde haust,
zu dem die Götter oft, ein Mensch nur ganz selten
kommt; aber wohl dem Schiffer der auf ihre Insel verschlagen wird, er wird gehegt und gepflegt, und wenn
der Abend kommt, dann setzen die Heinzelmännchen des
Meeres ihn in eins ihrer Wunderschiffe, die ohne Steuer
immer den richtigen Weg finden, und fahren ihn in einer
Nacht, während er schläft, wohin er will: wenn er dann auf-
wacht, sind die freundlichen Geleitsmänner verschwunden.

Jeder weiss wer zu diesen grauen Männern nach
langen bösen Irrfahrten gekommen ist, wen sie in die
Heimat geführt haben; es ist das Urbild der Helden der

Reiseromane, sein Name weckt in uns den ganzen Zauber
jugendlicher Stunden, in denen eine weite Wunderwelt
dem offenen Sinn des Kindes sich aufschloss, es ist Odysseus.
. Das Epos lässt ihn von Troia kommen, es hat ihm viele
Abenteuer vor Troia, ja das Hauptverdienst an der Zerstörung der Stadt selbst zugeschrieben, und so muthet es
erst sonderbar an, dass er der echte und rechte Confrater
der wandernden Bettelpriester des Apollon sein soll.
Und doch ist ers einmal gewesen, und nur die gewaltige
Wucht des troischen Epos hat es fertig gebracht diese
Gestalt, als sie episch wurde, ihres Wesens zu entkleiden
und sie einzureihen in den erlauchten Kreis der achaei-
schen Helden. Doch ist er da immer ein Eindringling
geblieben; in dem hartgeprüften Irrfahrer, dem listenreichen, vielgewandten Fremdling, der als Bettler heim-
kehrt zu den Seinen, schimmert die wahre Natur der auf
den ersten Blick so räthselhaften Gestalt noch durch,
und wenn der Bettler am heiligen Tage des Apollon, am
Neumond nach der Wintersonnenwende, die Lumpen von
sich wirft, mit gespanntem Bogen, sitzend auf der Schwelle
seines Hauses, einen Pfeil nach dem anderen mit nie
fehlender Sicherheit schiesst auf die Frevler, dass sie
dahinsinken wie die Halme unter der Sichel, dann spürt
die Seele erschauernd einen Hauch des furchtbaren Gottes,
vor dessen fernhintreffenden Pfeilen es kein Entrinnen giebt.

Unsere Odyssee ist kein einheitliches Gedicht, sondern
ein durch einen sehr mässigen, späten Poeten zusammen-
gearbeitetes Conglomerat einer ganzen Reihe von Gedich-
ten, die, zum Theil wenigstens, schon von erheblichem

2*

Umfang und recht complicirter Anlage gewesen sein müssen. Es lässt sich noch wenigstens in Umrissen erkennen wie allmählich das teratologische, das romanhafte Element zugenommen hat, wie es aber ein wirksames . Gegengewicht fand in der Dichtung von den Schicksalen des Odysseus in Ithaka selbst nach Beendigung der Irrfahrten. Ich erlaube mir einiges aus diesen, das Werden der Odyssee aufhellenden Combinationen mitzutheilen.

Es lässt sich mit einiger Wahrscheinlichkeit vermuthen dass das älteste für uns erreichbare Odysseusgedicht etwa folgendes erzählte. Odysseus kommt nach der Insel Thrinakia, d. h. der gabelförmigen — gemeint ist die in drei Vorgebirge auslaufende Peloponnes — und wird gezwungen zu landen und lange zu verweilen. Es ist bei Taenaron, da wo die heiligen Rinder des Helios weiden. Seine Schiffsmannschaft, von Hunger gepeinigt, vergreift sich an den Thieren und schlachtet einige davon. Der Sonnengott beschwert sich bei Vater Zeus, und als Odysseus endlich abfährt, zerschmettert ihm der Blitz des Zeus das Schiff und tödtet die gesammte Mannschaft. Nur er allein, auf dem Kielbalken reitend, treibt zwanzig Tage im Meer umher, gekräftigt durch den wunderbaren Schleier der Meergöttin Leukothea, bis er endlich an die felsige Küste der Phaeakeninsel geworfen wird, wie ihm Leukothea vorausgesagt hat. Dort schläft er ein und erwacht von dem Kreischen ballspielender Mädchen am Meerstrand. Es ist die Königstochter Nausikaa mit ihren Gespielinnen; Odysseus fleht sie um Hilfe an und gelangt durch sie in den Palast. Dort stellt er sich in

den Schutz der Königin Arete; die erstaunten Phaeaken
können sich gar nicht denken woher der sonderbare
Fremdling kommt, und meinen erst, er sei ein Gott; aber
Odysseus wiederlegt das sofort mit der Bitte um Essen.
Dann von der Königin befragt wer er sei, steht er Rede
und Antwort, wird von den Phaeaken reich beschenkt
und auf seine Bitte von ihnen nach Thesprotien geleitet,
wo er umherziehn und Geschenke sammeln will. Das
ist ein sehr alter Zug, der noch deutlich den wandernden
Bettelpriester zeigt; in Thesprotien liegt Dodona mit dem
uralten Heiligthum, von dem die berühmte Hyperboreer-
procession noch in historischer Zeit nach dem Heiligthum
des Apoll in Delos gieng.

Wie das Gedicht weiter gieng und ob es weiter
gieng, wissen wir nicht, aber klar ist doch wie hier die
Fahrt zum Märchenland der Phaeaken im Mittelpunkt
steht. Es ist nicht auszumachen ob in diesem Gedicht
schon die Dinge in Ithaka vorkamen oder von Bedeutung waren; das älteste Gedicht in dem diese nachzu-
weisen sind, in dem zuerst sich Penelope, Telemach, die
Freier finden, ist sicher jünger als das eben erzählte und
scheint dies fortzusetzen. Alt und unkenntlich, als Bettler
verkleidet kommt Odysseus in sein Haus, giebt sich der
Gattin zu erkennen und tödtet mit ihr im Einverständniss
die Freier. Ich habe schon oben angedeutet in welchen
Einzelzügen noch der ursprüngliche, durch die Legende
gegebene Typus des Odysseus durchschimmert: aber das
Ganze der Dichtung, die Gattin die in unentwegter Treue
auf den heimkehrenden Gemahl wartet, trotz aller Be-

drängniss durch die übermüthigen Freier, der blutjunge
Sohn der zusehen muss wie sein Erbe verprasst wird,
das er nicht antreten kann, weil keiner weiss ob der
Vater lebt oder todt ist, dies ganze rührende Gemälde ist
keine Legende und keine Sage, sondern freie Dichtung;
und daran ändert die Thatsache nichts dass Penelope
ursprünglich kein blosses Dichtergeschöpf, sondern eine
wahrscheinlich sehr alte, aber ganz dunkle und noch
völlig unaufgeklärte mythologische Figur ist. Die Vermuthung ist allerdings nicht unberechtigt, dass diese
Dichtung von der treuen Gattin geschaffen ist im bewussten Gegensatz zu der Sage von Agamemnon und der
treulosen Klytaemnestra, deren Buhle den heimkehrenden
Fürsten erschlägt: das ist aber keine blosse Dichtung,
sondern echte Sage, in der sich sehr reale historische
Gegensätze und Kämpfe wiederspiegeln. Wie diese freie
Dichtung nun aber entstanden sein mag, nachdem sie
einmal sich an den von den Phaeaken heimkehrenden
Irrfahrer angesetzt hatte, wirkte sie wiederum rückwärts
ein auf das was von den Irrfahrten erzählt wurde. Man
darf über dem bestrickenden Märchenzauber der wie ein
feiner Schleier über dem ersten Theil der Odyssee liegt,
nicht vergessen wie sehr die ganze Dichtung und vor
allem die Gestalt des Odysseus durch die Erzählung von
der Heimkehr, dem Wiedersehn mit der Gattin, dem Sieg
über die Freier gewissermassen regulirt wird. Das bloss
teratologische, das romanhafte, das schon jetzt in den
jüngeren Zusätzen sich sehr vordrängt, würde leicht alles
überwuchert, Odysseus nach und nach zu einem aben-

teuernden Reisenden degradirt haben, wenn nicht die
unauslöschliche Sehnsucht nach der Heimat, seinem Weib
und seinem Sohn dem Listenreichen, Vielgewandten einen
Adel der Seele, eine vornehme Geschlossenheit der Persönlichkeit gäbe, die gerade durch den Contrast zu der
Buntheit seiner Abenteuer einen so berückenden Reiz
ausübt. Nirgends lässt sich das besser verfolgen als bei
dem Dichter der nun aus den beiden eben erzählten Ge-
dichten ein neues schuf, und zwar schon eines das den
Namen Odyssee insofern verdient, als es die Irrfahrten
und die Ereignisse in Ithaka zusammen erzählt haben
muss. Dieser Poet streicht die Sonnenrinder des Helios
an der Südspitze der Peloponnes und den Zorn des Zeus;
er führt den Helden durch einen gewaltigen Sturm an den
südlichen Rand der Erdscheibe, bis er zu den Rundaugen,
den Kyklopen kommt. Das berühmte Abenteuer wie der
schlaue den fürchterlichen Menschenfresser im Rausch
blendet und sich und die Gefährten glücklich aus der
Höhle hinausbringt, brauche ich wohl nicht zu erzählen;
klar ist ja ohne weiteres, wie hier ein romanhaftes Motiv neu hineingekommen, wie der Schauplatz von Hellas
weg in unbestimmte Weiten verlegt ist. In das Ganze
wird es so eingeführt, dass nunmehr an Stelle von Zeus
Zorn der des Poseidon Odysseus verfolgt; denn der
von ihm geblendete Kyklop Polyphem ist Poseidons Sohn.
Wie Poseidon nun den göttlichen Dulder im Einzelnen
herumgeworfen hat, lässt sich nicht mehr verfolgen:
genug, dass er endlich, schiffbrüchig, ohne alle Gefährten,
zu der Insel der Kalypso kam, nicht direct zu den Phaca-

ken, wie im alten Gedicht. Kalypso und ihre Insel sind
rein romanhaft, nichts als Erzeugnisse der dichterischen
Phantasie, etwas das der Grieche ohne weiteres ψεῦδος
nennen würde. Aber was hat der Dichter aus diesem
ψεῦδος gemacht. Ich will nicht reden von den zarten
Linien mit denen die liebende Nymphe gezeichnet ist,
nicht von der märchenhaften Pracht der landschaftlichen
Schilderung, die mit ein paar Versen in dem Leser eine
schier verzehrende Sehnsucht entzündet nach der von
dem Purpurmeer des Südens in stiller Einsamkeit aus-
strahlenden Herrlichkeit: das ist alles teratologische Kunst
in höchster Steigerung, aber das Verhältniss zum Ganzen
bringt es erst fertig die Erfindung ganz im Poetischen
aufzulösen. Wozu zaubert der Poet die schöne Nymphe
hervor, um sie im Nichts wieder verschwinden zu lassen,
wozu lässt er sie resultatlos den Helden mit ihrer Liebe
quälen, ihn der Unsterblichkeit und ewige Jugend verschmäht und sehnsüchtig hinausschaut auf das unendliche
Meer, ob er nicht endlich nach Hause kann, wozu dies
alles, dem schliesslich durch einen Befehl des Zeus ein
Ende bereitet wird, als weil der Dichter das Gefühl hatte
dass die Treue der Penelope ein Gegenbild verlangte:
darum erfand er dass, wie sie den Freiern Stand hält, so
Odysseus um der Gattin willen die Ehe mit der ewig
schönen und jungen Nymphe verschmähte. Da sieht man
wie das einmal angestimmte Lied von der Gattentreue weiter
tönt, und nun der Dichter zugleich den Roman vermehrt
und die Intensität des rein Poetischen steigert.

Ich muss es mir versagen hier des näheren auszu-

führen wie dieser Poet dann Odysseus von der Kalypso-
insel zu den Phaeaken bringt und mit welcher Fülle von
neuen, fein berechneten Motiven er die ganze Phaeaken-
episode ausgestattet hat. Nur auf eins will ich hinweisen.
Er lässt Odysseus nach seinem Schiffbruch sehr lange
schlafen, erst spät am Tage wacht er auf und begegnet
der Nausikaa; als er in den Königspalast kommt, findet
er die Tafelrunde des Phaeakenkönigs schon beim Gute-
nachttrunk. Die Berechnung dieser ganzen Anlage versteht man erst, wenn man bedenkt dass die Phaeaken
nie vor Sonnenuntergang in See gehn. Wenn nun Odysseus
so spät zu ihnen kommt, dass er in derselben Nacht
nicht mehr fort kann, so muss er einen vollen Tag bei
ihnen bleiben, und der Dichter hat so Gelegenheit von
dem Leben und Treiben des Märchenvolkes allerlei zu
erzählen. Hier wird nun aber der Dichter Realist, und
die Phaeaken die er schildert, sind echte, leibhafte Ionier;
nur gehts den Phaeaken immer so wunderschön, wie die
Ionier es sich wünschen, aber leider nicht haben können.
Es ist gerade diese Mischung von romanhaftem Ideal und
lebenssaftiger Wirklichkeit, welche die Episode so reiz-
voll macht.

Am Schluss des Tages setzt sich alles zum Mahl,
dann soll Odysseus sagen wer er ist und wohin er will,
damit ihn das Wunderschiff dorthin bringt. Das gestaltet
der Dichter nun zu der prachtvollen Scene aus, dass der
Kluge den göttlichen Sänger bittet das Abenteuer vom
hölzernen Pferd, seine eigene grösste Heldenthat vor Ilios
zu singen; so ist ihm eine glänzende Einführung sicher.

Aber da fasst ihn die Erinnerung an seine Schicksale zu
mächtig, und er kann die Thränen nicht zurückhalten;
erstaunt fragt der König, wer er sei und was ihn Ilios so
errege; jetzt ist der Augenblick gekommen auf den mit
wuchtiger Steigerung alles hindrängt, der Augenblick in
dem der Held seinen athemlos lauschenden Wirthen das
stolze Wort hinwirft: Ich bin Odysseus des Laertes Sohn,
der Listenreiche, meine Heimath ist Ithaka. Nun ist es
wohl eingefädelt und motivirt, dass Odysseus selbst seine
Schicksale erzählt vom Fall Ilions bis zu dem Punkt an
dem das Gedicht anfängt, dem Aufenthalt bei der Kalypso.
Eben weil niemand so gerne erzählt und niemandem so
das Recht zu erzählen eingeräumt wird, wie dem Reisenden, ist es ein feiner, dem Leben abgelauschter Zug, dass
Odysseus seine wunderbarsten Erlebnisse in eigener Per-
son berichtet; und der Dichter der dies Motiv eingeführt
hat, hat es nach allen Kräften ausgenutzt, wie der Ver-
gleich mit den stumpferen ungeschickten Zusätzen der
Späteren sofort zeigt. Diese Form der Selbsterzählung
hat ungemeines Glück gemacht, sie ist im Epos wie in
der Prosa typisch geworden für den abenteuerlichen,
romanhaften Reisebericht.

So viel über Odysseus. Es versteht sich ganz von
selbst dass die Odysseusgedichte durchaus nicht die einzigen hellenischen Robinsonaden gewesen sind. Um nur
noch ein andres Gedicht zu streifen, von dem wir etwas
genauer unterrichtet sind, obgleich es selbst verloren ist:
es gab ein Epos von den Arimaspen, in dem ein gewisser
Aristeas von Prokonnesos erzählte, er sei als begeisterter

Seher des Apollon über die weiten südrussischen Steppen gewandert, bis er zu den Issedonen gekommen sei. Weiter kam er nicht, aber die Issedonen erzählten ihm, hinter ihnen wohnten die einäugigen Arimaspen, dann die goldhütenden Greifen, mit denen die Arimaspen, wenn sie das Gold holen wollten, gefährliche Kämpfe zu bestehen hätten, dann am Meer, das die Erdscheibe begrenzt, die Hyperboreer. Hier fällt zunächst auf die typische Form der Icherzählung und dass der Erzähler hier wirklich ein Apollonpriester ist. Die Wundergeschichten die von Aristeas erzählt wurden, was von seinem Cult in Metapont berichtet wird, bestätigen seinen apollinischen Charakter auf das schlagendste. In dieselbe Sphäre fällt, dass auch hier jenes glückliche Land in das der Gott und seine Priester zu reisen pflegen, das Land der Hyperboreer, als fernstes Ziel gezeigt wird. Ja während die wahre Natur des Odysseus und seiner Irrfahrten im homerischen Epos immer mehr verblasst und schliesslich ganz unkenntlich wird, tritt hier der reisende Apollopriester mit einer solchen Schärfe und Bestimmtheit hervor, dass gerade dies Gedicht vorzüglich geeignet ist die Dunkelheiten der Odysseussage aufzuklären. Und doch ist es zweifellos jung, keinen Falls älter als das ausgehende 7. Jahrhundert, vielleicht sogar ins 6. zu setzen. Das epische Heroenthum ist eben gebrochen und fristet nur in der dichterischen Convention noch ein schattenhaftes Dasein; andererseits kann das priesterliche Element der alten Legende jetzt mit um so grösserer Kraft hervorbrechen, als gerade um 600 eine tiefgreifende religiöse Bewegung den hellenischen Volksgeist erfasst. Sie steht, wie alle religiöse Bewegungen, im Zusammenhang mit der Demokratisirung, die dem lebensfrohen, stolzen Dasein des epischen Ritterthums ein Ende machte, und mit den schweren Katastrophen die durch verwüstende Nomadenhorden, durch die Lyder und dann die Perser über die griechische Cultur in Kleinasien hereinbrachen. Das war die Zeit in welcher den Wunderpfaffen, den Orakelpriestern, den frommen Zauberern und Gauklern der Weizen blühte, das war auch die Zeit in der aus der apollinischen Legende, aus dem Märchen vom fernen Schlaraffenland der pythagoreische Glaube an die Seelenwanderung, die blühenden Phantasien von dem seligen Leben in das die Frommen nach dem Tode eingehn, hervorwuchsen.

Wie die Hyperboreer zu den Phaeaken, so verhalten sich die einäugigen Arimaspen dieses Gedichts zu den einäugigen Kyklopen der Odyssee. Dem scheint zu widersprechen, dass die Kyklopen, wie es scheint, im äussersten Süden, die Arimaspen im fernen Norden oder richtiger Nordosten angesetzt werden. Die Grundvorstellung ist eben die dass diese wunderbaren Völker, die traditionellen Lieblinge der teratologischen Dichtung, am äussersten Rand der Erde wohnen, da wo die Grenze läuft zwischen Menschen und Göttern. Es hängt von dem jeweiligen Stand der geographischen Kenntniss und von dem dadurch bedingten geographischen Interesse ab, ob und wie diese Ansätze näher bestimmt werden, und in der Geschichte nicht nur der ältesten griechischen Geographie spielen die immer wiederholten Versuche für die schwanken Gestalten der Märchenvölker ein bestimmtes Local unter den neu entdeckten Gegenden ausfindig zu machen, eine sehr wichtige, meist unterschätzte Rolle. Durch die Fahrten der Milesier in den Pontus, durch die lebhafte griechische Colonisation an der südrussischen Küste traten diese Gegenden stark in den Vordergrund; sie bilden das Local der Argonautensage und sind von dieser aus auch in die jüngeren Theile der Odyssee eingedrungen. Das Interesse steigerte sich noch, als durch einen Karawanenweg der von der südrussischen Küste und um das kaspische Meer herum bis ins Innere Asiens, an die Ufer des Syr-Darya und den Fuss des Pamir lief, eine Menge Nachrichten von den merkwürdigen Völkern die in diesen weiten Steppen hausen, zu den Griechen drangen. Diese Nachrichten zu verarbeiten hat der Dichter des Epos von den Arimaspen für seine Hauptaufgabe gehalten, und es ist nicht unwahrscheinlich dass er nur der Form nach noch epischer Dichter, der Sache nach schon Reisebeschreiber war. Dies wissenschaftliche Element tritt namentlich darin scharf hervor, dass er seinen Reisenden da Halt machen lässt wo die durch jenen Karawanenweg vermittelte sichere Kunde aufhört; das teratologische, die Arimaspen, die Greifen, die Hyperboreer, wird nicht als selbst gesehn, sondern als Erzählung der Issedonen, des letzten wirklich erreichten Volkes gegeben.

Da rührt sich in dem alten Schlauch des Epos schon mächtig der neue Wein der Wissenschaft.

II

Das Ionien des 6. Jahrhunderts verlernte der Dichtung heitere Spiele in dem Ernst des Lebens den erst die Angriffe der lydischen Könige, dann die entsetzliche Verwüstung durch die Perser nach dem Zusammenbruch des lydischen Reichs dem Völkchen lehrten, das es so verstanden hatte das Leben zu geniessen.

Ich wies schon darauf hin wie in dieser Zeit das Bettel- und Wanderpfaffenthum, Speculationen über das Leben nach dem Tode u. a. aufkamen, aber mit diesen Auswüchsen gab sich die grosse religiöse Bewegung jener Epoche nicht zufrieden. Es hat dort so gut wie in Israel und Juda Dichter gegeben, die das Elend ihres Volks zu Propheten hämmerte, und dem Kolophonier Xenophanes ist über den Trümmern seiner Heimath ein Gott erschienen, der nichts gemein hatte mit den anthropomorphen Geschöpfen des Epos, so dass er, selbst ein fahrender Sänger, ein Genosse derselben Zunft welche Jahrhunderte lang die homerischen Gedichte gehegt und gepflegt hatte, das verzehrende Feuer seiner, von einem

neuen religiösen Bewusstsein durchglühten Angriffe auf
eben diese Gedichte hinabfahren liess.

Es fehlte nicht viel, so wäre die hellenische Cultur
in eine Offenbarungsreligion ausgelaufen, wie die iranische
und hebräische, wenn die Ionier nicht trotz aller Wand-
lungen doch Ionier geblieben wären. Noch war so viel
Kraft in dem Stamm, dass er seine eigenste Art, das
klare, der Aussenwelt und der Natur zugewandte Auge
nicht verlor; und gerade seine besten und stolzesten
Geister konnten nun einmal nicht sich dazu entschliessen
über die Unzulänglichkeit des menschlichen Willens zu
grübeln und die Welt zu fliehen um etwas Unsichtbares,
Inneres einzutauschen. Sie wollten sehend, beobachtend
erkennen was das Göttliche, das Unendliche sei, was
bleibe in dem Wechsel der Erscheinungen, und so kamen
sie bei dem entgegengesetzten Pol des Offenbarungs-
glaubens, bei der Naturwissenschaft an. Die sog. ionische
Philosophie ist thatsächlich Naturwissenschaft, Naturwissenschaft mit dem Anspruch das wahre Sein zu erkennen,
das identisch ist mit dem Unsterblichen und Göttlichen
und das die Dichter mit ihren Phantasien von den Göttern
so lange verdunkelt haben. Scharf und schneidend prägt
sich dieser Gegensatz auch äusserlich darin aus, dass die
Philosophen zuerst die Form der Rede in der bis dahin
ein Schriftsteller allein mit dem Publicum verkehren
konnte, die poetische bei Seite werfen und es wagen ohne
den festen Stil des Verses, ohne den Zwang der traditionellen Dichtersprache, die so manchen leeren Kopf bequem
trug, ihre neuen und kühnen Gedanken auszusprechen

und eine neue, nur durch innere, immanente Gesetze geregelte Rede, die Prosa, zu schaffen, eine Aufgabe deren Schwierigkeit man sich gar nicht gross genug vorstellen kann.

Da der ionische Trieb zu wissen sich nach aussen, auf die Natur wandte, so musste er die alte angeborne Lust zu reisen und fremder Menschen Städte und Sitten zu erkennen, noch steigern. Die Unterwerfung unter das persische Weltreich wirkte hier insofern günstig als sie den Ioniern, als Unterthanen des Grosskönigs die Freiheit verschaffte in den weiten Räumen Asiens umherzuziehn auf den verhältnissmässig guten, sicheren Strassen welche die vortreffliche Verwaltung des grossen Dareios schuf und in Ordnung hielt. Eine reiche Litteratur entwickelte sich nun, nicht mehr Gedichte von Odysseus und den Arimaspen, sondern Berichte von dem was man gesehen und gehört hatte. Natürlich war damit der Lust am fabuliren kein definitives Ende bereitet, und die Grenzen zwischen dem Reisebericht und dem geographischen Roman müssen von Anfang an als fliessende gedacht werden. Aber der wissenschaftliche Eifer dieser ersten Zeit hat doch wohl die reine Erfindung sehr zurückgedrängt, und es ist weniger das Phantastische als die wissenschaftliche geographische Theorie, welche die Beobachtung trübt: erst im 4. Jahrhundert, als das ionische Leben seinen Schwung und seine Kraft verliert, wuchert das Romanhafte wieder üppig hervor. Eine Errungenschaft des Kampfes aber bleibt, den die werdende Wissenschaft gegen das sterbende Epos geführt hatte: das Ich des

Reiseberichts ist nicht mehr ein troischer Held oder ein
Seher Apollons, sondern ein gewöhnlicher, beliebiger
Mensch, Reisender, Kaufmann oder was es sei. Das ist
für die Entwicklung des Romans im Gegensatz zur Poesie
von grösster Bedeutung geworden.

Die ionische Wissenschaft sah ihrer Entstehung und
ihrem Wesen nach in dem Epos den Gegner, der nieder-
geworfen werden musste, wenn sie Raum bekommen
sollte. Wie es zu gehn pflegt, griff die Polemik bald
über die Gottesvorstellungen hinaus und fasste die gesammte Heldensage an. Derselbe Milesier der, den Anregungen des grossen Philosophen Anaximander folgend
und auf Grund eigener, weitausgedehnter Reisen, zum
ersten Mal eine Beschreibung der gesammten damals bekannten Erde verfasst hatte, schrieb ein zweites Buch
das die Geschichte der Vorzeit einer unerbittlichen Kritik
unterzog. Es begann: „so spricht Hekataeos von Milet:
das was in diesem Buche steht, habe ich so geschrieben,
wie ich es für wahr halte; denn die Ueberlieferungen der
Hellenen widersprechen einander und sind werth ausge-
lacht zu werden.“ Da wird nicht mehr die Muse ange-
rufen; die Autorität der Tradition, der Nimbus der Poesie
verfangen gegenüber diesem Stolz auf die frisch errungene
Freiheit der Kritik nicht, und mit schmetternder Fanfare
erklärt die neue Rede des forschenden Individuums all
dem den Krieg, was die Zunft der Sänger in ununter-
brochener Thätigkeit zusammengeschafft hatte. Natürlich
war die Kritik selbst ein naiver Rationalismus. Die
Dichter erzählten ja wahre Geschichten, das glaubte

Hekataeos auch, aber sie mischten ihre Phantastereien und Wundergeschichten hinein, und diese galt es umzudeuten in das Natürliche und Mögliche. Die Sage erzählte dass Herakles bei Taenaron den Höllenhund heraufgeholt und zu Eurystheus gebracht hätte. Für den philosophisch, naturwissenschaftlich geschulten Denker waren die Schrecken der Unterwelt ein dummes Ammenmärchen, und er war um eine Deutung nicht lange verlegen. Eine böse Giftschlange, deren Biss sicheren Tod brachte, nichts anderes war in Wahrheit der Höllenhund gewesen, und Herakles ein geschickter Schlangenfänger.

Die Probe genügt zum Beweis dass die rationalistische Kritik in ihren Windeln ebenso geschmacklos aussah, wie jetzt, wo sie ein zum mindesten arg verblühtes Weib geworden ist. Aber es wäre ungerecht den alten Milesier nach dem Misserfolg seines Strebens abzuschätzen; hier gilt einmal der viel missbrauchte Satz dass das Wollen genügt. Denn er wollte etwas Grosses und Wahres, nämlich das Axiom durchführen, dass für alle menschliche Geschichte die Gesetze der Möglichkeit und Wirklichkeit die gleichen sind und dass jede Ueberlieferung es sich gefallen lassen muss nach diesen Gesetzen geprüft zu werden. Das Axiom gilt für die historische Kritik bis auf den heutigen Tag, und Hekataeos hat ein volles Recht darauf ihr Vater zu heissen, womit nicht gesagt ist dass er auch für den Vater der Geschichtschreibung zu gelten hat.

Der grosse Zug den der Rationalismus bei Hekataeos noch zeigt, gieng verloren, als diese Umdeutungen der

Sage nicht mehr von dem ehrlichen Streben nach Wahrheit der Dichtung abgerungen wurden und zu blossen Schaustücken eines witzigen Scharfsinns hinabsanken, nur den Zweck verfolgend zu zeigen wie herrlich weit der Verstand es doch gebracht hat, dass er sich von den Poeten nicht mehr solche Märlein aufbinden lässt, wie die guten dummen Voreltern. Das tritt sofort ein, sobald eine solche rationalistische Kritik populär wird und es zur allgemeinen Bildung gehört in Sage und Märchen nichts zu sehen als mit trügerischem Blendwerk überzogene, im Grunde hausbackene, alltägliche Geschichten. Hundert Jahre nach Hekataeos war die Auflösung der Sage durch rationalistische Kunststücke etwas ganz alltägliches, und es gehörte ein so vornehmer, poetisch empfindender Geist wie Plato dazu um diese Mode mit gebührendem Spott abzufertigen. In den Kreisen der allgemeinen Bildung dachte man ganz anders, und da kam jetzt eine neue Sorte Litteratur auf, die man füglich mythologischen Roman oder besser noch romanhafte Mythologie nennen könnte. Es muss dies eine Caricatur der kritischen und geographischen Schriftstellerei der Ionier des 6. Jahrhunderts gewesen sein, eine Caricatur wie sie immer dann entsteht, wenn die Wissenschaft Schein und die Unterhaltung, die Sensation die Hauptsache wird. Die Stoffe sind die alten Sagen, aber aus ihren Figuren werden Tyrannen, Prinzen, Räuber, Schulmeister, mit Vorliebe jedoch gescheute Leute, welche modern gebildet sind und alles verstehn womit ein kluger Mann sich seinen Mitmenschen nützlich machen kann und soll; Abenteuer

und Thaten werden Regierungshandlungen, diplomatische
Intriguen wissenschaftliche Leistungen u. s. w., alles recht
plan und vernünftig, wie denn auch die Motive solche
sind, die jeder Philister ohne weiteres versteht. So wird das
prachtvolle Purpurgewand der Sage, das einst Könige und
Helden geschmückt, zum gewöhnlichen Stoff aus dem der
Roman gut bürgerlich und demokratisch seine Flicken
schneidet. Es wird geographisches Wissen ausgekramt,
aber nur um die Neugierde zu befriedigen und durch das
Fremdartige zu blenden, so dass das Fabuliren von fernen
Ländern wieder recht in Schwung kommt; denn das verschmäht auch der Rationalist, wenigstens der hellenische
nicht. Prachtexemplare der Gattung müssen die Bücher
gewesen sein, in denen um 420 Herodoros aus dem pon-
tischen Herakleia gerade die Sagenstoffe behandelte, die
seiner Heimath am liebsten und werthvollsten waren, die
von Herakles und von den Argonauten. Wer kennt nicht
die tiefsinnige, die Ohnmacht und den Trotz menschlichen
Begehrens und Bestrebens so schauerlich zeichnende Sage
von dem gefesselten Prometheus, dem der Adler des
Zeus die immer nachwachsende Leber, nach dem antiken
Glauben den Sitz der Leidenschaft, frisst, bis ihn Herakles
erlegt: nach Herodor ist Prometheus ein Skythenkönig,
der Adler ein Fluss der ihm das Land mit seinen Früchten durch Ueberschwemmungen wegfrisst, Herakles ein geschickter Mann der den bösen Strom eindämmt. Daneben
stehen solche Teratologien, wie die dass die Geier aus
dem Monde kämen, weil noch niemand ein Geiernest
gesehen hätte, und dass dort die Weiber Eier legten und

die kleinen Kinder 15 mal grösser wären als auf der Erde,
oder ein blödes Fischergeschwätz über die Fortpflanzung
der Fische. Die zornige Art mit der Aristoteles diesen
Mythologen, wie er sagt, Romanschreiber, wie wir sagen,
abkanzelt, zeigt recht dass die Bücher viel gelesen wurden
und sich einer gewissen Autorität erfreuten: man glaubte
sich zu bilden und etwas zu lernen, wenn man diese
scheinbar nach den neuesten Resultaten der Wissenschaft
zurechtgemachte, mit allerlei pseudonaturwissenschaftlichem
Krimskrams vollgestopfte Mythologie las, so wie es ja
auch jetzt noch Leute geben soll, die z. B. aus Ebersschen
und Dahnschen Romanen hoffen historisches Wissen sich
spielend anzueignen.

Während hier das Romanhafte um die Ruinen einer
vergangenen Zeit seine Wucherpflanzen schlingt, leiht es
zugleich einer neuen, der Zukunft energisch zustrebenden
Litteratur seinen glänzenden Schimmer, der philosophisch-
politischen. Diese war an den Aufgaben und in den
Conflicten emporgewachsen, die das von der attischen
Demokratie geschaffene Reich des 5. Jahrhunderts als die
naturnothwendigen Früchte einer alle Kräfte entfesselnden
Grossmachtspolitik gezeitigt hatte. In der zweiten Hälfte
des Jahrhunderts, vor und während des peloponnesischen
Kriegs steigerte sich die Heftigkeit der Kämpfe zwischen
den Parteien und zwischen den Staaten zu einer für die
gesammte Nation verhängnissvollen Gluth, und die junge
Generation der Intelligenz, ganz von diesen Kämpfen ab-
sorbirt, ergriff mit Begeisterung die Waffen des wissenschaftlichen, alle Autorität vor sein Forum ziehenden

Denkens, das sich naturgemäss nun von den naturwissen-
schaftlichen Fragen, den Speculationen über das Sein der
Politik und nach griechischen Begriffen damit auch der
Ethik zuwandte. Es war die vielgeschmähte und wenig
verstandene Sophistik, welche die Schätze der ionischen
Wissenschaft und ihrer Rivalin und Nachfolgerin, der
eleatischen Metaphysik zu politisch-ethischer Scheidemünze
umprägte und dem jungen Athen die Kunst lehrte im
Staat der erste zu sein oder zu scheinen. Die schonungs-
lose Kritik des Bestehenden, die Forderung mit der Ueberlieferung zu brechen und das Vernünftige, oder wie man
damals sagte, das Naturgemässe an die Stelle zu setzen
hätte schon dazu reizen können einmal in freier Dichtung
zu zeigen wie man sich denn das geforderte Walten der
Natur dachte, und damit wäre der politische Roman da-
gewesen, die Ansätze lassen sich auch noch erkennen:
aber die Wogen des gegenwärtigen Lebens giengen noch
zu hoch, und die demokratische Freiheit der Meinungs-
äusserung in Athen war zu verlockend als dass man die
Discussion vom Boden der Wirklichkeit in das Land der
Träume hätte verlegen mögen. Der politische Roman
gedeiht, wie Swift und Montesquieu zeigen, erst dann
wenn eine freie Aussprache unter dem Despotismus
oder einem scharfen Parteiregiment bedenklich oder die
allgemeine politische Misère eine solche ist, dass man
am Besserwerden verzweifelt und sich mit einem kühnen Sprung in die Vergangenheit oder Zukunft oder in
weite, nur der Dichtung zugängliche Fernen versetzt.
Diese zweite Voraussetzung trat ein im 4. Jahrhundert

nach dem Zusammenbruch der ersten und einzigen wohlgeordneten echt hellenischen Grossmacht, des attischen
Reichs, und zwar in immer stärkerem Masse, je mehr
sich die spartanische verknöcherte Oligarchie, die restau-
rirte Demokratie Athens, die geniale, aber des Fundaments entbehrende Politik des Epaminondas als unfähig
erwiesen das hellenische Leben in feste Bahnen zn lenken,
je mehr an Stelle von kräftiger Zusammengliederung die
von jedem Krähwinkel geforderte Autonomie und eine
innerlich verlogene Gleichgewichtspolitik das leitende
Princip wurde und schliesslich eine Mannigfaltigkeit Platz
griff, die nichts war als das was ein deutscher Historiker
das Wimmeln der Verwesung genannt hat. Da wenden
sich die besten Köpfe und die edelsten Herzen ab von
der Politik, da tritt an Stelle des Stolzes den der Bürger
eines mächtigen Gemeinwesens empfindet, das Selbstbe-
wusstsein des Individuums, das seine geistige Stellung zur
Welt und zu den Menschen nicht mehr dem Staat zu
verdanken glaubt, sondern sie sich ohne Mithülfe, meist
im Gegensatz zu den Ueberlieferungen des heimathlichen
Gemeinwesens zu erringen bestrebt ist. Damit ist der
Boden gegeben für die von der Wirklichkeit abstrahirende,
politisch-ethische Utopie. Solche Utopien müssen von
400 an wie die Pilze aus der Erde geschossen sein, um
freilich rasch wieder zu verschwinden; nur eine ist geblieben durch die Kraft ihres ethischen Idealismus, durch
das unendlich ferne und unendlich wirkende Ziel das sie
dem menschlichen Leben und dem menschlichen Denken
gewiesen hat, der platonische Staat. Ich kann hier nicht

auf ihn eingehen, denn er ist reinste und höchste Wissenschaft, ohne alles Romanhafte. Aber Platon hat allerdings einmal sich mit dem Plan getragen durch eine grosse trilogische Dichtung in Prosa zum mindesten das kosmogonische und heroische Epos, das er aus seinem Staat verbannt hatte, zu ersetzen; wir wissen durch ihn und seine Schüler dass er, anders und richtiger als Aristoteles, das Epos und nicht das Drama für die Dichtungsgattung hielt der in der hellenischen Litteratur noch eine Zukunft bevorstand. Fertig geworden ist nur das erste Glied der erhabenen Composition, die Dichtung von dem Werden der Welt, das erste und einzige Beispiel eines kosmogonischen Romans. Daran sollte sich als zweites Glied anschliessen eine Dichtung die den philosophischen Staat in seinem Wirken und Leben nicht synthetisch, sondern erzählend vorführte. Plato verlegt die reale Existenz seines Staats in eine 9000jährige Vergangenheit und zwar nach Athen selbst, mit jenem tiefen, schweigsamen Patriotismus wie er dem Feind des schellenlauten Treibens der Redner und Politiker eigen ist, fein andeutend dass der Jammer seiner Heimath ihn zum Prediger der Zukunft gemacht hatte. Wenn der Staat aber, in dem die philosophisch erzogenen, kriegspflichtigen und kriegstüchtigen Bürger und Bürgerinnen die mittlere Schicht bildeten. als sich bewährend und existenzfähig geschildert werden sollte, so musste die erzählende Dichtung von ihm gipfeln in einem Krieg.

Der Dichterphilosoph dachte ein nach seinen Zwecken umgeformtes Gegenbild der grössten Ruhmesthat Athens, des Krieges gegen die Perser zu liefern. Zum mythischen Abbild des persischen Weltreichs nahm er ein grosses Barbarenreich, welches die westlichen Mittelmeerländer, die Inseln des atlantischen Oceans und das jenseitige Festland umfasst haben, dessen Mittelpunkt die Insel Atlantis gewesen sein sollte. Platon hat so gewissenhaft wie möglich dafür gesorgt diese Insel Atlantis als ein Land der Dichtung zu charakterisiren: wie er angiebt, lag sie unmittelbar vor den Säulen des Herakles, so dass durch sie in alter Zeit das atlantische Meer nicht so unzugänglich war wie später; man darf nicht vergessen dass die antike Schifffahrt der Küsten und Inseln nicht entrathen konnte. Diese Angabe allein würde genügen um die von Dilettanten immer und immer wieder vorgetragene Beziehung auf Amerika, das doch nicht dicht bei der Strasse von Gibraltar liegt, ein für allemal auszuschliessen, und ebenso wenig kann davon die Rede sein dass das von Plato nur einmal erwähnte, ganz schattenhafte, jenseitige Festland etwas anderes ist als eine blosse, im Gegensatz zu den nur fingirten Inseln des atlantischen Oceans gebildete Abstraction. Damit vorwitzige Leute die Atlantis nicht auf der Karte suchten, lässt Plato sie durch eine grosse Fluth untergehn, daher sei das Meer bei den Säulen des Herakles noch jetzt so seicht. Er folgt damit einer Vorstellung die in der griechischen Geographie seit geraumer Zeit ebenso eingewurzelt war, wie sie falsch ist: sie war dadurch entstanden, dass das thatsächlich sehr seichte und gefährliche Meer der afrikanischen Syrten einmal das äusserste Westmeer für die

griechischen Schiffer gewesen war und als sich die Grenzen des bekannten Meeres später weiter nach Westen
verschoben, diese Eigenthümlichkeit in den von den
Schiffersagen beherrschten Vorstellungen der Hellenen
mitwanderte.

Ausgeführt ist von dem Plan nur die einleitende
Schilderung des blühenden materiellen Wohlstandes im
Reich Atlantis und der wunderbaren, aber wie Plato hinzufügt, etwas barbarischen Pracht mit der in der Mitte
der Insel die Reichstempel und Königspaläste gebaut
waren. Wo die Schilderung überleitet zur Vorgeschichte
des Krieges zwischen Atlantis und Athen, brichts plötzlich
ab: der Philosoph hat offenbar das werdende Buch zu-
sammengerollt und den Torso nie vollendet.

Eine breitere und flachere, man möchte fast sagen,
socialere Wirksamkeit als die vornehme, eine geistige
Aristokratie erziehende wissenschaftliche Denkarbeit der
platonischen Schule entfaltete die kynische Predigt vom
naturgemässen Leben des Weisen, zu welcher Antisthenes,
ebenfalls ein Schüler des Sokrates und erbitterter Rivale
Platos, die Anleitung gab. Diese kynische Lehre war
ein merkwürdiges Gemisch der revolutionären Polemik
der Sophisten gegen die Convention und des sokratischen
Postulats dass Wissen und Tugend (besser sagt man mo-
ralischer Vorrang) identisch seien und das sittliche allein
dem Menschen Nutzen bringe; sie wurde mehr noch wegen
als trotz ihrer Absonderlichkeiten rasch populär. Sie verlangte nicht wie Plato ein Streben nach einem für den
Menschen nur zu ahnenden, nie erreichbaren Ziel, dem

Wissen von dem wahren Sein, sondern erklärte rundweg
die wissenschaftliche Forschung für überflüssige Haar-
spalterei; wer die kurzen, paradoxen Sätze der kynischen
Lehre begriffen, wer sich von seinen Leidenschaften ge-
heilt habe, wer den männlichen Muth besitze auf alle
nur eingebildeten Annehmlichkeiten, Güter, Erfolge des
Daseins zu verzichten und sich durch beständige Askese
zum naturgemässen, nur das absolut nothwendige bean-
spruchenden Leben abzuhärten, der sei ein vollkommen
Weiser, der alles verstehe, ein Gottgesandter, dem von
Rechtswegen die absolute Herrschaft zustehe über die
grosse Schar der in den Tag hineinlebenden, für ihre
Seele nicht sorgenden Thoren. In dieser Zeichnung von
dem Ideal des Weisen steckte ein doppeltes Zukunfts-
programm: in einer Zeit in der der Hellene nicht mehr
seinen Stolz befriedigen konnte in dem Bewusstsein das
Glied eines freien, auf das Zusammenwirken aller oder
doch der besten gegründeten Gemeinwesens zu sein, weil
diese republikanischen Gemeinwesen unaufhaltsam ihrem
Ruin entgegeneilten, musste er schon darauf kommen
entweder selbst ein nur auf sich gestellter, von allen
unabhängiger Weiser sein zu wollen, gefeit gegen alle
Stürme des Schicksals, alle menschlichen Angriffe, weil
sein Selbst ihm nichts und niemand rauben konnte, oder
zu hoffen dass die Götter einen senden würden der,
Weiser und König zugleich, die aus den Fugen gehende
Welt wieder einrichtete. Beides aber, der auf positives
Schaffen verzichtende, seine Paradoxien immer wieder
ausposaunende Männerstolz vor Königsthronen und die

eigenem Thun gern entsagende Begeisterung für den kraft
seines Genies unumschränkt waltenden Herrscher sind zu
allen Zeiten einander nah verwandt gewesen, beides ist
auch stets populärer als die aristokratische, die Freiheit
für eine Pflicht achtende Gesinnung Platos.

Hatte Plato in richtiger Würdigung dessen was die
Zukunft verlangte, dem Epos und dem Drama wie es
vorlag, die Berechtigung abgesprochen die hellenische
Nation noch fernerhin zur Ethik zu erziehen und diese
Aufgabe der Philosophie zugewiesen, so wagten die Kyniker nicht sich durch einen directen Angriff auf die
Dichter und die Sage um ein gutes Theil ihrer Volks-
thümlichkeit zu bringen, sondern setzten ein schon von
den Sophisten begonnenes Werk fort und deuteten ihre
Lehre und Weisheit vermittelst der Allegorie in die be-
liebtesten, angesehensten Dichtungen, vor allem in den
Homer und in die Sage hinein. Das schafft den mytho-
logisch-philosophischen Roman; in seinem Buch Herakles
stellte Antisthenes den sagenhaften Bezwinger der Unholde
und Ungeheuer dar als den kynischen Weisen der den
Hellenen ein Idealbild der Askese aufrichtet: der ge-
wandte Moralapostel wusste wohl dass eine solche Erzählung von bekanntem und doch in ein ganz Neues
umgedeutetem Stoff für die stets nach Erzählung lech-
zende Menge ein unentbehrlicher Rahmen philosophischer
Deductionen ist. Mit dem von den hellenischen Helden
erzählenden Epos rivalisirte an Popularität die von den
orientalischen Königen berichtende Geschichtsschreibung
der Ionier, und auch diese musste um so mehr in den

kynischen Roman umdestillirt werden, als ja die Kyniker,
consequente Individualisten die sie waren, den National-
stolz für ein conventionelles, der Natur widersprechendes
Vorurtheil erklärten und den Nichtgriechen den Zugang
zu ihrem Weisheits- und Tugendideal nicht verwehrten.
Sah der Grieche des 5. Jahrhunderts in den Orientalen
menschliche Wesen niederer Ordnung, weil sie sich dazu
hergaben die Knechte eines despotischen Sultans zu sein,
so fiel für den Kyniker dieser Anstoss weg, da nach
ihm es für den grossen Haufen der Thoren das allerbeste
war von dem unumschränkt regierenden Weisen so geleitet zu werden wie die Schafe von dem Hirten. Die
griechischen Geschichtsbücher erzählten manche hübsche
Geschichten von dem einfachen, in einem rauhen Berg-
land dürftig und arm dahinlebenden Perserstamm, der
unter seinem grossen Herrscher Kyros die weichlichen,
üppigen Meder Babylonier Lyder leicht unterjocht hatte,
um dann selbst den gleichen Lastern zu verfallen: das
griff Antisthenes auf und stellte dem hellenischen Herakles
in dem persischen Kyros ein zweites Idealbild zur Seite,
das des sich abhärtenden, durch Selbstbeherrschung die
Herrschaft über die Welt gewinnenden Königs. Vor Alexander kann auch für den Kyniker das Ideal des vollkom-
menen Hellenen nur ein sich mühender Held, des voll-
kommenen Orientalen nur ein unumschränkter König
sein; der grosse Makedone vereinigt dann beides.

Während Antisthenes Romane wie seine übrigen
Werke verloren gegangen sind, ist ein ähnliches Buch
durch eine eigenthümliche Verkettung von Umständen

auf die Nachwelt gekommen, der Roman des Xenophon von der Gründung des persichen Reichs durch Kyros, den man gewöhnlich mit einem nicht sehr passenden Namen Kyrupaedie nennt. Der Roman erzählt, in kürzester Zusammenfassung, mit Weglassung aller Episoden, folgendes. Kyros ist, wie auch bei Herodot, ein Sohn der Mandane, der Tochter des Mederkönigs und des Kambyses, der unter medischer Oberherrschaft die Perser regiert; er wird nach strenger altpersischer Sitte erzogen, bringt aber auch eine Zeit am Hofe seines Grossvaters Astyages zu, wo er sich durch sein bescheidenes Wesen und seine glänzenden Leistungen in allen ritterlichen Uebungen die Zuneigung der medischen Vornehmen erwirbt. Als nach Astyages Tod, unter der Regierung von dessen Sohn Kyaxares, die Assyrer, die damals ausser über Meder und Perser über ganz Asien herrschten, auch diese unterwerfen wollen, erficht der mittlerweile erwachsene Kyros als Führer des persischen Contingents einen glänzenden Sieg. Zur Verfolgung bittet er sich von Kyaxares, der es vorzieht den Sieg in Ruhe zu geniessen, so viel medische Reiter aus als ihm folgen wollen; zum Erstaunen und zum Aerger des Mederkönigs ist sein Ansehn schon so gross, dass ihm alle folgen. Mit ihnen verfolgt Kyros die fliehenden Assyrer und macht ihnen die Hyrkanier abspenstig; um nicht von der medischen Reiterei abhängig zu sein bildet er seine persische Hoplitentruppe zu Reitern aus. Ein Befehl des Kyaxares an die medischen Reiter zu ihm zurückzukehren scheitert an ihrem Widerstand und der geschickten Politik des Kyros. Dieser bringt es dann

durch sein liebenswürdiges, gerechtes, für seine Anhänger
unbedingt eintretendes Benehmen dahin dass zwei der
mächtigsten assyrischen Vasallenfürsten zu ihm übergehn.
Endlich wird ein zweites Heer das der Assyrer zu-
sammengebracht und unter den Befehl des lydischen
Königs Kroesos gestellt hat, von Kyros geschlagen, Sardes
und Babylon erobert. Kyros macht Babylon zur Residenz
eines neuen Reichs, dessen Verwaltung er seinen ergebenen
Kriegsgenossen überträgt. Dann erst begiebt er sich zu
Kyaxares, der in richtiger Erkenntniss dass sein Neffe
besser zum Herrscher tauge als er selbst, diesem seine
Tochter zur Frau giebt und damit zufrieden ist dass
Kyros ihm einen Palast anweist in dem er herrlich und
in Freuden leben kann. Kyros unterwirft dann das übrige
Asien und stirbt nach einer langen glücklichen Regierung
eines sanften Todes. Das Werk schliesst mit einem sehr
merkwürdigen Capitel in dem mit vielen Einzelheiten
auseinandergesetzt wird dass die Perser so gut wie gar
keine von den Tugenden mehr besässen, die Kyros
sie gelehrt hätte. Wie Xenophon sich in zahlreichen
Gedankengängen mit dem Stifter der kynischen Schule
berührt, auch die scharfe Antipathie gegen Plato mit ihm
theilt, so kann es auch für sicher gelten dass sein etwa
um 364 v. Chr. herausgegebener Roman von dem Kyros
des damals schon lange verstorbenen Antisthenes nicht
unabhängig war; aber wir sind nicht in der Lage diese
Abhängigkeit näher zu bestimmen. Uebrigens verdankt
der Roman, die reifste und eigenthümlichste Frucht der
xenophontischen Muse, seine litterarische Bedeutung nicht

den Berührungen mit der kynischen Sittenlehre, sondern
der Thatsache dass in ihm sich die Persönlichkeit Xenophons, seine Erinnerungen und seine Hoffnungen zu, ich
möchte sagen, krystallreinen Gebilden niedergeschlagen
haben. Xenophon fühlte mit nichten den Drang den
Stürmen seines Inneren nach Aussen Luft zu machen,
solche Regungen die den Künstler machen, liegen ihm
der nie mehr als ein gewandter Stilist gewesen ist, ganz
fern; mit seiner Schriftstellerei wollte er lehren und sich
nützlich machen, aber es war dem Landmann und Militär,
der erst im Alter unter dem Zwang der Verhältnisse
die Feder ergriff, so wenig wie heutzutage etwa einem
mittleren Gutsbesitzer oder einem Oberst a. D. möglich
den Stoff für seine belehrenden Erzählungen, Reden, Gespräche anderswoher zu nehmen als aus seiner Erfahrung;
dass er es überhaupt fertig gebracht hat diesen Stoff um
eine Idealgestalt zu gruppiren, ist nur dadurch zu er-
klären, dass ihm der antisthenische Roman den Weg ge-
bahnt hatte. Er glaubte mit der liebenswürdigen Naive-
tät des Greises felsenfest daran dass er vollständig genug
gesehen und erfahren hätte um die Hellenen und besonders die Athener darüber zu belehren wie sie es anfangen
müssten um zu besseren Zuständen zu gelangen. Umgekehrt muss man sich hüten die langen Raisonnements
des alten Herrn schlankweg als flach und trivial zum
Plunder zu werfen; was auf den ersten Blick unsäglich
leer und thöricht erscheint, wird sofort lebendig, interessant,
ja packend, wenn man den Contact der Gedanken des
Schriftstellers mit seinen persönlichen Erlebnissen wieder-

herstellt; ehe wirs denken, steigt aus den trockenen Zei-
len die Gestalt des alten Landsknechts und Abenteurers
vor uns auf, nicht gross an Geist oder Charakter, aber
von einer klaren, anmuthigen Geschlossenheit die sich
bei unbedeutenden Naturen nie findet, und nach und nach
schmecken wir in dem etwas säuerlichen Wein seiner
Muse doch das eigenthümliche Aroma heraus, das der
Kenner erdig nennt.

Diese Betrachtungen werden es, denke ich, recht-
fertigen, wenn ich etwas von dem Leben Xenophons er-
zähle. Er war, wie man so sagt, vom Lande, aber aus
guten Verhältnissen, denn sein elterliches Gut warf genug
ab um ihm den Dienst in der Cavallerie zu erlauben.
Sein persönliches Ideal ist auch immer geblieben zu Pferde
in den Krieg zu ziehn und nach vollbrachten Ruhmesthaten, mit einem guten Sack voll Beutegeldern heimge-
kehrt, auf einem grossen, wohlgeordneten und wohlbestellten
Gut zu schalten und zu walten wie ein echter, rechter
Landjunker, von dessen Leben er eine ganz allerliebste
Schilderung entworfen hat. Diesem Ideal that es nicht
den geringsten Eintrag, dass der junge Ritter mit Sokrates bekannt wurde und ihn als einen weisen und
frommen Mann sehr verehrte: verstanden hat er den
Apostel einer neuen Ethik so gut wie gar nicht, wie er
selbst am klarsten durch das Buch bewiesen hat, das er
etwa 30 Jahre nach dem Tode des Sokrates unklug genug
war über ihn herauszugeben. Als Agrarier, als Ritter,
man kann wohl sagen, auch als ein, wenngleich sehr in
der Peripherie sich haltender, Genosse des sokratischen

Kreises überzeugter Aristokrat, fand Xenophon nichts
dabei unter dem Regiment der Dreissig als Ritter zu
dienen und die neue Ordnung der Dinge gegen die verbannten Demokraten zu vertheidigen. Als diesen die
Restauration der Volksherrschaft über Erwarten leicht
und rasch glückte, nicht so sehr durch das Verdienst der
Volksmänner als in Folge einer, durch innere Verhältnisse
herbeigeführten, Verschiebung der spartanischen Politik,
drohte Xenophon von den siegreichen politischen Gegnern
zwar keine unmittelbare Gefahr, denn die von jenen ver-
sprochene Amnestie wurde, was viel sagen will, auch
wirklich gehalten, aber an allerhand Chicanen fehlte es
nicht, und vor allem war ihm die Möglichkeit genommen
oder doch sehr erschwert sich irgendwie in seiner Heimath
so hervorzuthun, wie er nach seinem Stand und Vermögen
es zu hoffen noch vor kurzem berechtigt war. Da kam
es ihm sehr gelegen, als ein Freund ihn auf die Wer-
bungen aufmerksam machte, die ein persischer Prinz, der
jüngere Kyros, in Griechenland veranstaltete um eine
griechische Söldnertruppe zusammenzubringen und so dem
Heer einen festen, den Sieg verbürgenden Kern zu geben,
mit dem er seinen älteren Bruder, einen im Haremsleben
und in Hofintriguen verkommenen Weichling, vom Thron
zu stürzen dachte. Xenophon konnte der Lockung nicht
widerstehn und verliess im Jahr 401 seine Vaterstadt,
die er nie wiedersehen sollte, um sich als Freiwilliger
dem Heer des Kyros anzuschliessen. Was dann folgte,
ist bekannt, wie der Practendent sein Heer bis nach
Babylonien brachte, wie er in der schon zu seinen Gunsten

entschiedenen Schlacht durch thörichte Tollkühnheit das
Leben verlor, wie die griechische Truppe, in dem unbekannten Land, von allem abgeschnitten, durch Verrath
ihrer Führer beraubt, elend zu Grund gegangen wäre,
wenn nicht entschlossene Männer, darunter der erst
25jährige Xenophon, sich an die Spitze gestellt und das
Unglaubliche fertig gebracht hätten, die Zehntausend im
Winter von Assyrien durch die Gebirge von Kurdistan
und Armenien an das schwarze Meer zu führen. Dann
löste sich die Truppe als solche auf; die Reste, die unter
Xenophons Führung zusammengeblieben waren und in
bitterster Noth, um den schändlichen Intriguen der mit
den persischen Satrapen zusammensteckenden spartanischen
Statthalter am Bosporos zu entgehn, sich dem thrakischen
Prinzen Seuthes, in Wahrheit einem Räuberhauptmann,
zu einem wenig ehrenvollen Dienst verdungen hatten,
wurden plötzlich für Sparta ein sehr begehrenswerthes Ob-
ject, als es sich trotz allem Widerstreben der Aufgabe nicht
mehr entziehen konnte, die an jede hellenische Grossmacht
als erste und wichtigste herantrat, die kleinasiatischen
Griechenstädte vor dem persischen Joch zu schützen.
Für den Krieg gegen Persien waren die ehemaligen Söldner des Kyros von unschätzbarem Werth, und so wurden
sie im Frühjahr 399 von dem spartanischen General in
Dienste genommen und von Xenophon ihm zugeführt.
Er selbst dachte nach Hause zurückzukehren; denn wenn
auch Athen damals officiell noch Mitglied des spartanischen
Bundes war, so war dies doch ein ähnliches Bündniss
wie zwischen Napoleon und Preussen im Jahre 1811, und

4*

der Athener der damals, 5 Jahre nach dem unglücklichen
Ende des peloponnesischen Kriegs, freiwillig bei Sparta
Dienste genommen hätte, wäre ebenso verfehmt gewesen
wie ein preussischer Offizier der vor dem russischen Feldzug aus der preussischen in die französische Armee über-
getreten wäre. Trotzdem geschah das Unerhörte, Xenophon blieb in Asien, wurde ein Söldling Spartas. Er
fand nämlich beim spartanischen Heer ein kleines Con-
tingent attischer Ritter vor, und diese seine Standes-
genossen erzählten ihm wie es in der Heimath aus-
sähe. Die demokratische Reaction wüthe ärger denn je;
sie selbst seien eingestandener Massen nur desshalb zum
persischen Krieg nach Asien commandirt, weil das Volk
hoffe dass sie lebend aus ihm nicht wiederkehren würden,
ferner habe das Volk seinen besten Mann, Sokrates, vor
ein paar Wochen zum Tode verurtheilt. Das liess in
Xenophon den verhängnissvollen Entschluss reifen sich
auf sich selbst zu stellen und die Brücken die in die
Heimath führten, abzubrechen. Recht war es nicht, aber
begreiflich, und er hat es schwer büssen müssen dass er
zu früh und zu rasch an seinem Vaterland verzweifelte.

Das geistige Leben Xenophons erhielt sein mass-
gebendes, bleibendes Gepräge, als er, nunmehr 30jährig,
den spartanischen König Agesilaos kennen lernte, der
nach zwei Jahren den Oberbefehl im persischen Krieg
persönlich übernahm. Agesilaos war so wenig wie der
jüngere Kyros ein grosser Politiker oder General, sondern
wie die *virtuosi capitani* der Renaissance, mit denen er
viel Aehnlichkeiten aufweist, ein Mensch der als er lebte,

durch einen eigenen Zauber seiner Persönlichkeit viel,
nach dem Tode, wo die Leistungen gemessen werden, sehr
wenig bedeutete. Seine ganze Feldherrnkunst lief auf
die Landsknechtstaktik hinaus, die um des Hauptzwecks
willen, die disciplinirte, einexercirte, unersetzliche Truppe
so viel als möglich zu schonen, sich gern mit den sogenannten moralischen Erfolgen zufrieden giebt, aber gerade das
imponirte Xenophon, der das Kriegshandwerk bei einer
Söldnertruppe gelernt hatte. Noch viel mehr stach ihm
in die Augen, wie der König, der Abkömmling des Herakles, sich der straffen spartanischen Disciplin, der mit
Abhärtung und Askese renommirenden Lebensweise, wie
sie bei dem spartiatischen, in dem Krieg den ganzen
Inhalt des Lebens sehenden Adel traditionell war, unterwarf nicht nur, sondern allen vorangieng: der schlaue
Spartaner hatte begriffen dass er nur so das revolutionärer
Tendenzen stets verdächtige Königthum heben und zu
einem bestimmenden Factor im Staat machen konnte,
wenn er sich, anders als seine ewig oppositionellen, um-
sturzlustigen Vorfahren dem Standesregiment unterwarf.
Er war auch klug genug um einerseits Xenophon zu
übersehen und zu beherrschen, andererseits aber auch zu
begreifen dass dieser an Bildung, Geist und Rede seinen
spartanischen Junkern so unendlich überlegene Athener
für den spartanischen Staat wie für ihn persönlich eine
sehr werthvolle Acquisition sei. So wandte er ihm seine
Gunst zu, und Xenophon sah das Ziel seines Lebens darin
ihm diese Gunst durch treue Dienste zu lohnen; dies ist
der eigentliche Ursprung jenes Begriffes der im Mittel-

punkt der xenophontischen Sitten- und Staatslehre steht,
φιλία, das mit Freundschaft nur sehr schlecht übersetzt
ist; viel näher steht diesem, frei gewählten, auf treues
Dienen und freigebiges Lohnen gegründeten Verhältniss
das mittelalterliche des Lehnsherrn zum Vasallen. Xenophon war auch ganz ehrlich der Meinung dass alle so
bereitwillig wie er sein müssten und wären die Gunst
eines so königlichen Mannes mit Diensten zu lohnen; er
glaubte dass, weil es Agesilaos glückte einen kleinen Dy-
nasten zum Abfall vom Grosskönig zu bewegen und mit
einem Satrapen Unterhandlungen anzuknüpfen, die eine
weniger als schwache Aussicht auf Erfolg boten, der
König allein durch seine gewinnende Persönlichkeit im
Stande sein würde dem Grosskönig sein halbes Reich abspenstig zu machen. Wenn der grösste Theil des Kyrosromans mit den Erzählungen ausgefüllt wird, wie Kyros
einen Fürsten der den Assyrern unterworfenen Völker
nach dem anderen auf seine Seite bringt, so hat Xenophon
hier nichts gethan als das was er von Agesilaos erwar-
tete, in seiner Dichtung in Wirklichkeit umgesetzt. Er
tröstete sich in seinen alten Tagen mit diesem Traum
der Dichtung für die Hoffnungen die in seiner Jugend so
böse enttäuscht wurden. Der Kyros seines Romans miss-
achtet einfach den Befehl des Kyaxares, der seine Truppen
zurückruft, er ist glücklicher als König Agesilaos, der
nach 2 Jahren dem Befehl der Ephoren folgen und nach
Griechenland zurückkehren musste um Spartas Suprematie
gegen die mit persischer Hilfe gebildete Coalition von
Athen und Theben zu vertheidigen. Xenophon gieng mit

dem königlichen Gönner, kämpfte unter ihm in der Schlacht bei Koroneia gegen seine eigenen Mitbürger und wurde nun vom attischen Volk als Hochverräther zum Tode verurtheilt. Die Spartaner nahmen sich allerdings des heimath- und rechtlosen Flüchtlings an und verliehen ihm nach dem Frieden von 386 in der Nähe von Olympia, in einem politisch unsicheren, erst vor kurzem durch spartanische Intervention in den Besitz der spartanerfreundlichen Partei gelangten District von Elis einen grossen Grundbesitz. Da verbrachte Xenophon an der Seite der Frau die er sich aus dem persischen Feldzug mitgebracht hatte, mit Ackerbau, Jagd und Opferfesten die ruhigsten und schönsten 10 Jahre seines Lebens, bis ein Einfall der Arkader den politischen Agenten Spartas wieder vertrieb. Die Katastrophe von Leuktra, die Befreiung Messeniens, des Irlands der spartanischen Oligarchie, versetzten den Staat seines Herzens zwar in eine Agonie die nicht wieder aufhören sollte, aber sie verschafften Sparta die Sympathien und dann das Bündniss Athens gegen die verhassten Emporkömmlinge, die Thebaner, und beim Abschluss dieses Bündnisses scheinen die Spartaner es für ihren alten Freund durchgesetzt zu haben dass das Urtheil gegen ihn aufgehoben und er wieder in seine bürgerlichen Rechte eingesetzt wurde. Xenophon machte davon für seine Söhne Gebrauch, für sich selbst aber kluger Weise nicht, sondern zog es vor in Korinth sich niederzulassen und Bücher zu schreiben, in denen er aus den Erfahrungen seines Lebens politische, militärische, ethische Regeln ableitete um die Athener zum Lohn dass sie ihn

wieder anerkannten, mächtiger, tapferer und besser zu
machen. Das gilt auch für die Kyrupaedie, obgleich der
Held ein Perser ist und die ganze Handlung in Asien
spielt. Denn aus dem was Xenophon durch Herodot und
Ktesias von persischer Geschichte wusste, stammt nur
weniges, wie der Aufenthalt des Kyros bei Astyages, der
Krieg mit Kroesos, die Einnahme Babylons. Jedes orientalische Localcolorit fehlt, nur hier und da kommt etwas
vom persischen Hofleben oder persischer Verwaltung vor;
das Reich das Kyros organisirt, ist basirt auf jenem oben
entwickelten, specifisch xenophontischen Begriff des frei-
gebigen Herrschers und der treuen Diener, der von Kyros,
Agesilaos und Xenophon selbst abstrahirt ist. Sein Kyros
mit seinen persischen Hopliten ist unverkennbar Agesilaos
mit seinen Spartanern, und die Eroberung Asiens durch
Kyros ist, wie schon gesagt, ein schönes Idealbild, mit
dem sich Xenophon darüber tröstet dass Agesilaos sein
Lebenswerk nicht hat vollenden können. Der Kyros der
die Asiaten, so weit sie tapfer sind, zu militärischem und
bürgerlichem Gehorsam erzieht, ist der Spartanerkönig, der
nach Xenophons Anschauung dazu berufen war Sparta die
Rolle der Erzieherin der Hellenen zu sichern, damit sie
stark genug wären das persische Weltreich zu erobern.
Wer Xenophon kennt, der weiss wohl dass es ihm nicht
auf Kyros und seine Perser, welche einst die Assyrer be-
siegten, ankommt, sondern dass er eigentlich ein Zukunfts-
bild zeigt, den glücklichen Nationalkrieg der durch spartanische Zucht und spartanischen Gehorsam geeinigten
und gebesserten Hellenen gegen den Grosskönig; nur so wird

das Schlusscapitel über die jetzige Verkommenheit der Perser verständlich, als eine Mahnung die Zeit zu benutzen und dem Kyros zu folgen, den Sparta Hellas schenken wird.

Xenophon hat sich selbst in seinem Roman nicht vergessen. Einer der eifrigsten Anhänger des Kyros ist der armenische Prinz Tigranes. Er hat einen Lehrer der Weisheit sehr bewundert und geliebt, aber sein Vater, der armenische König, hat diesen Lehrer hinrichten lassen, weil er den Sohn verdürbe. Denn, so erzählt Tigranes an Kyros, dieser Lehrer sei ein so gerechter Mann gewesen, dass er ihn vor seiner Hinrichtung gebeten habe dem Vater nicht böse zu sein; er wisse nicht was er thue. Und als dann der König hinzufügt, er habe den Lehrer getödtet, weil er nicht habe ansehen können dass sein Sohn den Lehrer mehr liebe als ihn, den Vater, setzt Kyros hinzu, das sei menschlich und Tigranes möge dem Vater verzeihn. Jeder erkennt Sokrates, Xenophon und das attische Volk auf den ersten Blick; die Stelle gewährt einen tiefen Einblick in die Seele des jungen, des verbannten und des begnadigten Xenophon.

Tigranes hat eine Frau, für die er bereit ist sein Leben zu geben und die nur für ihn Augen hat; sie begleitet ihn auf allen Feldzügen und wird dafür am Ende von Kyros reich beschenkt. Ich möchte das schlichte Denkmal das der alte Soldat dem Weibe gesetzt hat, das ihm treu auf seinen verschlungenen Pfaden gefolgt ist ohne mit dem rechtlosen Flüchtling eine bürgerliche Ehe schliessen zu können, der unverdienten Vergessenheit entreissen, der die Gelehrten es gewürdigt haben.

III

Wenn Xenophon in seiner romanhaften Geschichte von der Gründung des persischen Reiches durch Kyros an unzähligen Stellen Reden und Erzählungen einflicht, die militärisch-taktische Regeln oder politisch-ethische Grundsätze erläutern und veranschaulichen sollen, so ist bei diesen der Zusammenhang mit der lehrhaften Tendenz des Werkes sofort ersichtlich. Weniger könnte das der Fall zu sein scheinen bei den augenscheinlich mit besonderer Vorliebe ausgemalten Scenen wo Kyros mit seinen Kriegsgenossen beim Mahl zusammensitzt und die militärische Tafelrunde sich mit spasshaften Rekrutengeschichten oder gegenseitigen Neckereien die Zeit vertreibt. Aber man darf nicht vergessen dass Xenophon als eine ganz besonders hervorstechende Eigenschaft des Agesilaos seine liebenswürdige Zwanglosigkeit im persönlichen Verkehr rühmt, und es ist schwerlich eine zu kühne Vermuthung, wenn man diese anmuthigen Oasen in der Kyrupaedie der angenehmen Erinnerung zuschreibt, die Xenophon den mit dem trockenen, etwas kaustischen

und junkerhaften spartiatischen Humor gewürzten Tisch-
reden des ihm für das Muster eines Mannes geltenden
Königs bewahrte. Er stattete seinen Helden mit den
Früchten dieser Erinnerungen aus um für eine anständige
Unterhaltung seiner Leser zu sorgen und ihnen zugleich
zu zeigen dass ein echter, männlicher Charakter bei allen
Anstrengungen und Mühsalen so recht von Herzen ver-
gnügt sein kann ohne doch dem Vergnügen irgend einen
Einfluss auf seine Handlungen zu gewähren.

Kehrt also auch hier die lehrhafte Tendenz, die mit
Xenophons Natur unauflöslich verbunden ist, ihren Pferde-
fuss heraus, so gilt dasselbe von der Liebesepisode die
mitten in der säbelrasselnden, den Krieg in jedem Zuge
predigenden Haupthandlung sich abspielt. Unter der
Beute welche den fliehenden Assyrern abgenommen wird,
befindet sich die wegen ihrer Schönheit in ganz Asien
berühmte Pantheia, die Gemahlin des susischen Fürsten
Abradates. Kyros, für den dies Prachtstück reservirt ist,
vertraut sie seinem medischen Kameraden Araspes an,
weigert sich aber, als dieser ihm ihre Schönheit schildert,
hinzugehn und sie anzusehn, um nicht von Leidenschaft
überwältigt etwas zu thun, was ihn gereuen könnte.
Araspes begreift diese Vorsicht nicht, man verliebe sich
doch nur, wenn man es wolle. Als dann Kyros einwendet
dass man erfahrungsgemäss einer einmal gefassten Leidenschaft nicht Halt gebieten könne, will Araspes das nur
von den Schlechten und Gemeinen gelten lassen, ein
echter Edelmann sei sich auch in der Leidenschaft stets
der vom göttlichen und menschlichen Recht gezogenen

Grenzen bewusst. Kyros wiederholt seine Warnung sich dem Anblick der Schönheit nicht zu sehr hinzugeben, es sei immer gerathen das Feuer zu meiden, wenn es auch nicht gleich zünde. Araspes verspricht sich zu nichts unrechtem hinreissen zu lassen; Kyros ist damit sehr zufrieden, denn die Frau könne ihnen noch sehr nützlich werden. Was zu erwarten war, geschieht: Araspes entbrennt in heftigster Liebe zu der schönen Gefangenen und macht sich ihr, da sie ihn durchaus nicht erhören will, schliesslich so lästig, dass sie einen Verschnittenen zu Kyros schickt, der ihm alles erzählen soll. Kyros lacht sehr darüber dass Araspes Grosssprecherei so schnöde zu Fall gekommen ist, und benutzt, als Araspes ganz zerknirscht bei ihm ankommt, die Situation zu seinen strategischen und politischen Zwecken. Er befiehlt dem unglücklichen Liebhaber nämlich sich so zu stellen als habe er vor Kyros Zorn fliehen müssen, was unter den obwaltenden Umständen leicht Glauben finden würde, dies benutzend soll er als fingirter Ueberläufer zum feindlichen Heer gehn und es auskundschaften. Die List glückt auch: Araspes macht seine Sache vortrefflich schon um die Blamage wieder auszuwetzen und kommt mit den werthvollsten Mittheilungen zurück. Umgekehrt lässt Pantheia, die glaubt dass Araspes wirklich abtrünnig geworden ist, dem Kyros melden, er solle sich nicht darüber grämen; sie wolle ihren Gemahl überreden zu Kyros abzufallen. Kyros gestattet ihr an diesen Boten zu schicken; Abradates kommt und wird, als er durch seine Frau von Kyros Edelmuth und Ritterlichkeit hört, dessen eifrigster

Diener. Als er vor der grossen Entscheidungsschlacht auf dem Wagen steht — er hatte sich von Kyros das Commando über die Sichelwagen ausgebeten —, bringt ihm Pantheia eine neue prachtvolle Rüstung, die sie ohne sein Wissen nach dem Mass der alten hat machen lassen. „Du hast wohl Deinen Schmuck dafür hergeben müssen" frägt Abradates sie. „Nicht den werthvollsten", antwortet sie, „wenn Du aller Welt als den Mann Dich zeigen wirst, für den ich Dich halte, so wirst Du mein grösster Schmuck sein." Und unter verstohlenen Thränen legt sie ihm die Rüstung an und schwört, sie wolle lieber mit ihm, wenn er den Heldentod sterbe, in der Erde ruhen, als wenn er feige seine Pflicht nicht gethan, ein Leben voller Schande mit ihm theilen: für sie beide sei kein Ruhm zu hoch. Abradates fällt wirklich nach glänzenden Thaten der Tapferkeit.

Pantheia eilt, als sie es nach der Schlacht hört, auf das Blachfeld zu dem Leichnam und klagt sich vor Kyros, der ebenfalls hergekommen ist und sie zu trösten sucht, an dass sie durch ihre Thorheit ihren eigenen Mann in den Tod getrieben hätte; als Kyros fortgeht, zieht sie den Säbel, den sie bis dahin versteckt gehalten hat, hervor und ersticht sich, das Haupt auf die Brust des Mannes legend. Kyros beklagt und bewundert die heroische Frau und lässt beiden ein prachtvolles Denkmal errichten.

Die Geschichte ist noch viel mehr nützlich als sie rührselig ist. Xenophon predigt nicht nur hier sondern auch an anderen Stellen dass der verständige und moralische Mensch gut thue die Liebesleidenschaft zu meiden.

Was er über das Wesen der Leidenschaft sagt, soll augenscheinlich in die sehr lebhaften Debatten eingreifen, die unter den Sokratikern sich über ihren Werth und Unwerth entsponnen hatten; ich kann hier nicht näher darauf eingehen. Er will ferner zeigen wie eine Frau heroisch sein kann, vielleicht nicht ohne einen Seitenhieb auf den platonischen Staat, in dem die Weiber mit in den Krieg ziehen, und endlich an dem Beispiel des Kyros vor Augen führen wie der über die Leidenschaft erhabene Herrscher aus dieser nüchternen Selbstbeherrschung die grössten Vortheile ziehen kann. Es lässt sich also schwerlich gegen die Annahme etwas einwenden dass Xenophon diese Episode einschaltete, weil er es für nöthig hielt in seinem moralisch-politischen Roman diesen im Menschenleben nun einmal sehr wichtigen Punkt nicht ganz zu übergehen.

Und doch gestehe ich dass es mir schwer wird eine andere Möglichkeit ganz abzuweisen. Der Kyrosroman des Antisthenes und, zum mindesten mittelbar, auch der Xenophons verfolgen den Zweck die orientalische Geschichtschreibung der Ionier ins Paraenetische umzudichten; in diesen ihren Originalen aber gehörten Liebesepisoden von orientalischen Prinzen und Prinzessinnen zum stehenden Inventar. Zwei Beispiele mögen hier erzählt werden; das erste ist freilich nur ein Fragment. Ktesias, von dem später noch ausführlich zu reden sein wird, erzählte bei Gelegenheit eines Krieges zwischen den Medern und den von den Griechen Skythen, von den Persern Çaka genannten Nomaden der Steppe, bei denen die

Weiber mitkämpfen, folgendes. Stryangaios, ein Meder, stiess im Kampf ein sakisches Weib vom Pferde und sah dabei dass sie sehr schön war: so liess er sie sich retten. Als Friede geschlossen wurde, trug er ihr seine Liebe an, wurde aber abgewiesen. Da beschloss er keine Nahrung mehr zu sich zu nehmen und zu sterben, vorher aber schrieb er ihr einen Brief mit bitteren Vorwürfen, des Inhalts: ich habe Dir das Leben gerettet, und nun bin ich, Dein Retter, um Deinetwillen elend zu Grunde ge- gangen. Das erste Motiv ist entlehnt aus dem Epos von Achill und der schönen Amazone Penthesilea; die Fort- setzung, der geplante Selbstmord, der Brief an die unglücklich geliebte führen schon ganz in die Regionen der sentimentalen Erotik. Den Schluss der Geschichte kennen wir nicht.

Dagegen ist vollständig erhalten eine andere Geschichte, die zwar erst bei einem Historiker Alexanders sich findet, die man aber unbedenklich zur Charakteristik der ionischen Historiographie verwenden darf, weil, wie wir noch sehen werden, die Alexanderhistoriker die Manier ihrer ionischen Vorgänger direct fortsetzen. Es war einmal ein Prinz Zariadres, der Bruder des Mederkönigs Hystaspes; der herrschte über das östliche Iran bis zum Tanais (Syr-Darya). Jenseits des Flusses wohnten die Marather; deren König Homartes hatte eine Tochter Odatis. Die erblickte im Traum Zariadres und verliebte sich in ihn: dasselbe wiederfuhr Zariadres mit ihr. Es waren aber beide sehr schön. Zariadres schickte zu Homartes und bat ihn um seine Tochter, aber er wies ihn ab; denn da er keine

Söhne hatte, wollte er sie einem Verwandten geben. Bald
darauf versammelte der König alle Fürsten des Reichs
und seine ganze Sippschaft zum Hochzeitsfest, und als
sie alle beim Zechen waren, rief er Odatis herein und
sprach zu ihr: „Dies Fest soll Deine Hochzeit sein. Sieh
Dir alle Gäste an, dann nimm einen goldenen Becher,
fülle ihn und gieb ihn wem Du willst: dessen Frau sollst
Du sein." Odatis sah sich um und gieng hinaus den Becher
zu holen; sie weinte, denn sie vermisste Zariadres und
hatte ihm doch sagen lassen, er möge kommen; ihre
Hochzeit werde gefeiert. Zariadres war aber wirklich
25 Meilen gefahren, kam in den Hof und stand plötzlich
neben der Königstochter, als sie gerade weinend einen
Becher genommen hatte und den Wein in ihm mischte.
„Sieh", so sprach er zu ihr, „da bin ich, Odatis, wie Du
es verlangt hast; ich bin Zariadres." Sie erkannte in
dem fremden, skythisch gekleideten Mann sogleich den
schönen Prinzen den sie im Traum gesehen hatte, und
reichte ihm den Becher. Da nahm er sie, setzte sie auf
seinen Wagen und entfloh mit ihr. Die Diener aber und
Mägde hielten reinen Mund und verriethen dem König
nicht wohin seine Tochter gefahren sei.

Wie schon gesagt, die Möglichkeit zum mindesten
muss zugegeben werden dass Xenophon durch den Wett-
eifer mit der ionischen Geschichtschreibung bestimmt ist
eine ins philosophisch-paraenetische umgesetzte Liebesepisode seinem Roman einzuverleiben, der ja eben diese
Geschichtschreibung nach der philosophischen Seite hin
verbessern sollte.

Um 350 starb Xenophon, Plato 347. 360 bestieg
Philipp den makedonischen Thron, und so bricht die
Zeit an in der Alexander der hellenischen Cultur die
riesigen Räume des Ostens erschloss und das Hellenenthum
überführte in den Hellenismus. Mit der Phalanx seiner
makedonischen Bauern und der vorzüglichen, in Griechenland bis dahin noch nicht dagewesenen Reiterei, die ihm
sein und der thessalische Landadel stellte, zertrümmerte
der geniale Feldherr das grosse Reich; dies waren die
Stützen seiner Macht, und es ist rührend zu lesen wie die
treuen Soldaten, als sie hören dass Alexander auf den Tod
erkrankt ist, in den Palast dringen und in langer Reihe,
schweigend, einer nach dem anderen an dem Bette ihres
sterbenden Königs vorüberziehn.

Aber diese tapferen, alles niedersäbelnden Bauern und
Junker waren zugleich ein trotziges und gefährliches Geschlecht, das Orientalen und Griechen gründlich verachtete
und mit Eifersucht darüber wachte dass ihr König ihnen
ihre Sonderstellung bewahrte. Alexander musste sein
ganzes Herrscher-Genie, die ganze titanenhafte Energie
seines Willens aufbieten um ihnen gegenüber seinen Plan
durchzusetzen aus Makedonen, Griechen und Persern ein
grosses Weltreich zusammenzuschmelzen. Etwas mehr
Verständniss fand er unter den Griechen. Nicht bei den
Athenern. Die liessen nicht von den Schatten und Ge-
spenstern der Vergangenheit und begriffen nicht dass für
sie es das allein mögliche und vernünftige war neben
Makedonien gegen Persien zu kämpfen; sie hofften im
Stillen auf den Sieg der Perser und sassen faul grollend

in der Ecke, ihr Schicksal selbst besiegelnd; denn nur dem Thätigen gehört die Welt. Anders die Ionier in Asien und auf den Inseln: denen brachten die Makedonen die Freiheit, die Erlösung aus dem dumpfen Dahinleben unter dem Joch der Perser und der, mit den Persern zusammensteckenden, eigenen Tyrannen und Oligarchen. Wie nach einem warmen, erquickenden Regen, so sprossen jetzt all die Keime einer neuionischen Cultur, die sich bis dahin nur schüchtern hervorgewagt hatten, in sich drängender Ueppigkeit hervor. Politisch und commerciell überflügelt das griechische Kleinasien Athen, nachdem dies $1^1/_2$ Jahrhunderte die Führung gehabt hatte; und wie immer, folgt die Litteratur dem Gang der Geschichte. Neben die specifisch attischen Gattungen des Dramas, der politischen Beredsamkeit, der Begriffsphilosophie treten wieder die Formen die dem ionischen Denken und Dichten die gemässesten immer gewesen waren, die Naturwissenschaft und die Erzählung in Epos, Geschichte, Reisebeschreibung; damit dann auch die Teratologie, der die Erschliessung des Ostens eine unglaubliche Menge neuen Stoffes und neuer Anregungen zuführte.

Um sich hier nun aber zurechtzufinden, ist es nöthig vorher einen Blick zu werfen auf die Entwicklung Ioniens seitdem wir es verlassen haben, vom Anfang des 5. bis bis zur Mitte des 4. Jahrhunderts. Was die lydische und persische Eroberung von der Blüthe Altioniens verschont hatte, das gieng 500 zu Grunde, als die Generale des Dareios den unsinnigen, frivol begonnenen und ohne Thatkraft weitergeführten Aufstand niederschlugen; das reiche, stolze Milet hat sich nie von dieser Zerstörung erholt. Unter der attischen Herrschaft zog die Hauptstadt Athen die Mehrzahl der Talente in den Bannkreis ihrer Cultur; was zurückblieb, verharrte in einem dumpfen, murrenden Groll, der bei philosophischen Naturen, wie Heraklit und Melissos, sich zu einem tiefsinnigen Pessimismus oder zu alles verachtendem Nihilismus verdichtete. Dann brach das attische Reich zusammen, nicht zum wenigsten darum weil die Ionier undankbar genug waren es zu verrathen. Sparta wollte und konnte sie vor dem Grosskönig nicht schützen, und so mussten sie das Joch des Persers nach einem Jahrhundert der Freiheit wieder auf sich nehmen. Da nun aber unter dem schlaffen Regiment Artaxerxes II das Gefüge des persischen Reichs sich mehr und mehr lockerte, entwickelte sich in dem griechischen Asien ein buntes Durcheinander von Satrapenwirthschaft, halber Autonomie, Localfürstenthum, Revolutionen und Reactionen, und der ionische Stamm führte das Leben nicht mehr eines Ritters und Seefahrers, auch nicht eines tüchtigen Bürgers, sondern eines Abenteurers. Befördert wurde diese unruhige, der gesammelten Grösse entbehrende Mannigfaltigkeit des Daseins noch durch die Verbindungen mit dem asiatischen Hinterland, die nie, auch im 5. Jahrhundert nicht, völlig abgerissen waren. Es war nicht nur der politische Flüchtling, der nach Persien gieng um sein daheim zertrümmertes Leben bei den Fremden wieder zurechtzuzimmern; es waren nicht nur die gefälligen, in allen Künsten des sinnlichen Reizes wohlgeschulten ionischen Odalisken, Sängerinnen und Tänzerinnen, die an den Höfen der Satrapen

und des Grosskönigs ein ebenso geschätzter und gesuchter
Artikel waren, wie eine ähnliche pariser Exportwaare bei
unseren moskowitischen Nachbaren; die Ruinen der
Königspaläste von Susa und Persepolis zeigen unverkennbar dass griechische Werkmeister hier ihr Wesen getrieben
und den steifen, traditionellen Pomp der asiatischen
Architektur mit einem Hauch hellenischer Kunst belebt
haben. Der griechische Söldner und der griechische Con-
dottiere verdrängt seit dem Ende des 5. Jahrhunderts das
altpersische, von Dareios in feste Ordnung gebrachte
Milizensystem mehr und mehr, und griechische Kräfte
waren es, mit denen der letzte bedeutende Herrscher auf
dem Thron der Achaemeniden, Artaxerxes III Ochos, den
Plan nicht ohne Glück verfolgte das aus den Fugen ge-
gangene Reich des Dareios umzuwandeln in einen straff
centralisirten Despotenstaat, dessen Aufbau und Gefüge
er den zeitgenössischen griechischen Fürstenthümern geschickt abgeguckt hatte.

Diese geschichtlichen Verhältnisse geben der ionischen
Geschichtschreibung ihr eigenthümliches Gepräge. Es ist
früher nachgewiesen wie die werdende ionische Wissenschaft an Stelle des Epos die ἱστορία, den Bericht von
Gesehenem und Gehörtem setzte. Leicht drängt sich auf
dass wenn ein solcher Bericht nicht von uncultivirten
Völkern handelte, sondern von einem Reich wie dem
persischen, das nicht nur an materieller Cultur den kleinen
hellenischen Gemeinwesen weit überlegen war, sondern auch
durch die iranische Religion eine wirkliche, ihm eigenthümliche Civilisation und eine historische Ueberlieferung

besass, dass dann der Bericht von der Beschreibung zur
Erzählung übergieng, dass die ἱστορίη zur Historie wurde.
Derartige Bücher hat es sicher vor Herodot schon in er-
klecklicher Anzahl gegeben. Damit soll dem Vater der
Geschichte sein Ruhm nicht geschmälert werden. Denn
nicht das Erzählen von geschichtlichen Thatsachen und
Ueberlieferungen macht den Geschichtschreiber, sondern
die aus dem Leben und der Bewegung der Zeit aus-
strömende politische und ethische Anschauung und Empfindung die dem Schriftsteller die Kraft giebt die Massen
des Stoffes zu einer, der poetischen vergleichbaren Einheit
zu ordnen. Herodot hat selbst mit klaren Worten sein
Werk bezeichnet als ein Epos von den Kämpfen zwischen
Asien und Europa; der nationale Schwung der Perser-
kriege, sein in Athen gewonnener Glaube an den unver-
söhnlichen Gegensatz zwischen dem frevelnden Uebermuth
des asiatischen Despotismus und der gottesfürchtigen
Freiheit der Hellenen haben ihn getrieben der Nachwelt
von diesen Kämpfen zu erzählen. Hundert Jahre früher
wäre er ein epischer Dichter geworden, aber das Epos
war todt, erschlagen durch den Rationalismus der ionischen
Wissenschaft; da griff diese echte Dichterseele zur einfachen, prosaischen Wiedererzählung des Ueberlieferten,
bei dem die Poesie nicht mehr erfindet, sondern sich be-
gnügt die Materie von innen heraus zu beleben und zu
ordnen. Die ausklingende epische Poesie, die jugendlich
ungestüme rationalistische Kritik, die religiöse und patrio-
tische Begeisterung der Siege über die Perser, sie mussten
sich zusammenfinden um ein so complicirtes Gebilde wie

ein Geschichtschreiber es sein muss, zum ersten Mal her-
vorzubringen: das war Herodot. Es ist Mode heutzutage
von Geschichte zu reden und manchmal auch zu schwatzen;
es ist auch Mode dass der Deutsche undankbar ist gegen
das was ihm die Hellenen gegeben haben und noch geben
können; das eine möchte ich aber doch denen zu bedenken geben, welche dieser Mode nachlaufen, dass einzig
und allein die Hellenen aus sich heraus jene Mischung
von Dichtung und Kritik gefunden haben, die der Menschheit die echte und wahre Geschichtschreibung geschenkt
hat, jene Geschichtschreibung welche die Tochter des Epos
ist, die nicht plappert wie eine Chronik und nicht rai-
sonnirt wie ein Philosoph, sondern zusammensetzt und
aufrollt das Kleid das der sausende Webstuhl der Zeit
hervorgebracht und wieder zerrissen hat.

Herodot war kein Ionier und hat aus seiner Abnei-
gung gegen die Ionier kein Hehl gemacht; er wusste wohl
dass seine ἱστορία trotz allem was sie von den Ioniern
entlehnt hatte, eine andere war als die ionische. Hier,
abseits von dem grossen, kräftig pulsirenden Leben Athens,
unter den oben geschilderten Verhältnissen, gedieh eben
keine Geschichtschreibung grossen Stils, sondern vielmehr
die in behaglicher Breite sich abspinnende, amüsante und
amüsiren wollende Erzählung, die, je mehr das anfangs
vorwiegende wissenschaftliche Interesse abnahm, um so
mehr sich der dankbaren Aufgabe zuwandte vom Grosskönig, seinen prachtvollen Gärten und Palästen, seinem
Serai, und dann wieder von den blutigen Thronwechseln
und den Aufständen der Satrapen zu berichten: die enge

und vielfache Verbindung mit Persien führte ganz von
selbst dazu die Geschichten welche die ionischen Aben-
teurer von dort mitbrachten, zu verwerthen und neue
hinzuzuerfinden. Die Geschichte ist hier nur die einmal
gegebene Form; thatsächlich wird sie zum Roman. Hier,
in dem Ionien des 4. Jahrhunderts, wurzelt die romanhafte Geschichtschreibung der Hellenen. Sie unterscheidet
sich von unserem historischen Roman wie ihn Walter
Scott begründet hat, sehr wesentlich dadurch dass sie
nicht die grossen historischen Persönlichkeiten und Ereignisse zurückdrängt und nur als Hintergrund benutzt,
auf dem die frei componirte Handlung sich abspielt; sie
will gerade von diesen viel Einzelheiten, viel anschauliches
und unterhaltendes Detail bringen und sieht es als ihr
Recht, ja als ihre künstlerische Pflicht an davon so viel
wie möglich zu erfinden. Es spielt hier ferner der platt
gewordene und entartete ionische Rationalismus und das
hellenische Abenteurerthum am persischen Hofe eine nicht
zu unterschätzende Rolle. Die Verstandesphilister und
die Hofschranzen begegnen sich zu allen Zeiten in der
Anschauung dass die grossen Bewegungen der Weltgeschichte gemacht und gelenkt werden von dem Räderwerk
der kleinen Leidenschaften und Intriguen, das in den
Schlafkammern und Boudoirs der Fürstenpaläste unauf-
hörlich klappert; dieser Kammerzofenhistorie ist das
grosse Publicum immer sehr bereitwillig entgegenge-
kommen und thut es noch, wie die Erfolge Gregor
Samarows beweisen. Darin dass die ionische Historie
zum guten Theil zur persischen Hofgeschichte ausartete,

lag ein starker Anreiz das Romanhafte, die erfundene
Ausmalung der Ereignisse immer mehr zu steigern. Es
ist ganz natürlich dass das Erotische sich hier auch
geltend macht, und ebenso wenig wunderbar wenn auch
einmal eine schöne, echt volksthümliche Liebeslegende,
wie die oben erzählte von der Traumliebe des Zariadres
und der Odatis, auf diesem Weg in die Litteratur gelangt.
Schwieriger ist die Frage ob solche Legenden, welche die
ionische Geschichtschreibung nach Asien verlegte, wirklich
asiatischen und nicht vielmehr, was ich eher glauben
möchte, echt ionischen Ursprungs sind; ich lehne es ab
mich auf das sehr gefährliche und schlüpfrige Gebiet der
vergleichenden Litteraturgeschichte zu begeben.

Für diese eben geschilderte Gattung der romanhaften
Geschichtschreibung der Ionier ist epochemachend gewesen
vor allem ein Geschichtswerk, das als historische Quelle
einen minimalen Werth besitzt, aber auf die litterarische
Entwicklung einen ungeheuren Einfluss gehabt hat, ich
meine das etwa um 390 erschienene Geschichtswerk des
knidischen Arztes Ktesias, der lange Jahre Leibarzt beim
Grosskönig gewesen war. Griechische Aerzte erfreuten
sich von jeher eines besonderen Ansehens am persischen
Hofe, und schon Herodot weiss die reizendsten Geschichten von den dortigen Erlebnissen des krotoniatischen
Arztes Demokedes zu erzählen. Ktesias hat es jedenfalls
neben seiner ärztlichen Kunst an der geriebenen Schlau-
heit nicht fehlen lassen, ohne welche das Leben beim
Grosskönig eine sehr bedenkliche und gefährliche Sache
war; er verstand es sich in der Gunst der Parysatis fest-

zusetzen, der Mutter Artaxerxes II und des jüngeren
Kyros, eines daemonischen Weibes, die vor den fürchterlichsten Mitteln nicht zurückschreckte, wenn es galt ihrer
Herrschsucht oder ihrer Rachgier zu fröhnen, und er
brachte das Meisterstück fertig unversehrt an Leib und
Gut grade dann den Hof zu verlassen und nach Knidos
zurückzukehren, als er seine Finger in die hohe Politik
gesteckt hatte. Hier setzte er sich nun hin und schrieb
ein dickleibiges Geschichtsbuch, nicht etwa nur über die
Zeit die er selbst erlebt hatte, sondern er fieng von vorne
an, von der Gründung des assyrischen Reichs durch den
grossen Eroberer Ninos und erzählte die ganze assyrische,
medische und persische Geschichte, bis er zum Schluss in
grösster Breite als Augen- und Ohrenzeuge reden konnte.
Er nahm den Mund sehr voll und behauptete dass er nun
endlich die Wahrheit über den Orient lehren werde, nachdem seine Vorgänger, namentlich Herodot, den Griechen
so viele Lügen aufgetischt hätten. Und das eine ist
richtig: das orientalische Localcolorit ist bei Ktesias so
echt wie es nur bei langjähriger Beobachtung möglich
ist. Aus den erhaltenen Auszügen seines Geschichtswerkes
und der zum guten Theil aus ihm geschöpften plutarchi-
schen Biographie des Artaxerxes weht uns ein Serai- und
Eunuchenparfüm, gemischt mit einem scheusslichen Blut-
geruch an, das in die asiatische Despotenwirthschaft viel
unmittelbarer hineinführt als z. B. Xenophon es je fertig
gebracht hat. Nun aber um des Colorits willen auch
der Zeichnung zu trauen, die erzählten Thatsachen gut-
gläubig hinzunehmen würde im höchsten Grade bedenklich

sein: wo wir ihn controlliren können, da lügt und schwindelt Ktesias mit jener halb naiven, halb raffinirten Lust am Erfinden, wie sie die Franzosen den Gascognern nachsagen.

Indess sind nicht alle ψεύδη [Erfindungen] des Ktesias gleichartig; man muss vielmehr zwei grosse Gattungen unterscheiden. Er behauptet die ältere Geschichte, die assyrische und medische, nach „königlichen Urkunden" zu erzählen. Die Assyriologie hat diese Behauptung als falsch erwiesen; und dass Ktesias hier den eigenen Farbentopf stark hat arbeiten lassen, dass die den Schein der Urkundlichkeit erweckenden, langen Königslisten mit den schönen genauen Regierungszahlen ein Machwerk des listigen Schalkes sind, ist kaum noch zu bezweifeln. Aber daneben findet sich auch wirkliche Sage, nicht medische oder persische, wie unrichtig vermuthet worden ist, sondern ionische, aus der Zeit in der die alten Ionier mit dem schon seinem Untergang entgegeneilenden Assyrerreich in Verbindung traten. Den alten Iouiern des 7. und 6. Jahrhunderts hat sich der männerentnervende Despotismus der ninivitischen Weltherrscher und der üppige Cult der babylonisch-syrischen Fruchtbarkeitsgöttin verdichtet zu der Gestalt des Mannweibes Semiramis, das den Asiaten die Schande bereitet von einem sittenlosen Weibe beherrscht zu werden; die Ionier, die auch lernten was es heisst „die Wollust der Creaturen ist gemischet mit Bitterkeit", haben aus der nebelhaften Kunde von dem letzten grossen assyrischen Sultan, Assurbanipal, die grandiose Gestalt der königlich schrankenlosen und könig-

lich blasirten Genusssucht geschaffen, des Sardanapal der
noch lebend sich die Grabschrift setzt, „das nur besitz
ich auch im Tode noch, was ich gegessen, getrunken, in
den Freuden der Liebe genossen habe; all das andere
was man so Glück nennt, ist dahin", der als Weib lebt
und als Held stirbt, sich mit all seinen Kebsen in die
Flammen stürzend. Das sind Gestalten von einer Plastik,
dass sich die, einen Schatten nach dem anderen aus Thon-
cylindern und Backsteinen hervorzaubernde Assyriologie
der Modernen doch mit der Poesie dieser Ionier nicht
messen kann, und ein wirklicher Historiker wird den
Ktesias nur loben dass er diese Sagen welche das spät-
assyrische und das ionische Wesen einer bestimmten Zeit
im letzten Grunde ganz richtig schildern, in Form gebracht und in Curs gesetzt hat.

Daneben stehn nun aber, namentlich in den späteren
Partien, die kecken, rein romanhaften Erfindungen des
Ktesias selbst. Er hat aus der naiven Gewandtheit der
Ionier im Erzählen eine raffinirte Kunst gemacht, die
auch rhetorische Mittel nicht verschmäht, die unter dem
Schein alles zu wissen und genau berichten zu können
— denn die Form des Geschichtsworks bleibt immer
massgebend — keinen anderen Zweck verfolgt als die
Phantasie des Lesers auf jede Weise zu reizen und in
dem wirklichen Hergang nur den Rohstoff sieht, aus dem
um jeden Preis ein sensationelles, rührendes, erschüttern-
des, blendendes, die Sinne erregendes Kunstwerk hergestellt werden muss. Die Alten nennen darum Ktesias
geradezu einen Dichter, mit einem Sinn der dem modernen

Wort „Romanschreiber" sehr nahe kommt; ein Beispiel
das sie als für seine Manier des Ausmalens besonders
charakteristisch anführen, will ich nicht vorenthalten.
Er erzählt wie die Sultaninmutter Parysatis die Nachricht
von dem Tode ihres Lieblingssohnes erhält, des jüngeren
Kyros, auf dessen Sieg über den älteren, regierenden
Bruder Artaxerxes sie gehofft hatte. Der Bote meldet,
Kyros hat gesiegt. Sie, freudig zugleich und ängstlich
bewegt, fragt, wie gehts dem König? „Er ist geflohen."
Das hat ihm Tissaphernes eingebrockt, antwortet sie, und
fragt weiter, wo ist Kyros jetzt? „Wo die Guten ein-
kehren sollen", antwortet der Bote und gesteht nun lang-
sam, tropfenweise der Mutter die Wahrheit; die Angst
und Spannung des Unglücksboten und der leidenschaftlichen Fürstin waren mit sorgfältiger Miniaturmalerei
geschildert.

Die Manier des Ktesias fand in Ionien geschickte
und talentvolle Nachahmer, und als nun die Züge und
Thaten Alexanders eine neue Aera der orientalischen
Geschichte heraufführten, da war in der ionischen Geschichtschreibung ein Gefäss da, das den in ungeheurer
Masse zuströmenden, neuen Stoff sofort aufnehmen konnte;
es ist sehr bezeichnend dass der glänzendste Geschichtschreiber Alexanders, Kleitarch, der Sohn des Dinon von
Kolophon ist, der im Stil des Ktesias, ihn nachahmend
und überbietend, eine persische Geschichte geschrieben
hatte. Dieses ionische Element musste sich in der Geschichtschreibung Alexanders um so mehr vordrängen als
ja gerade, wie oben erzählt wurde, die Ionier vornehm-

lich es waren, die Alexander bei der Hellenisirung des
Ostens unterstützten. Hatte sich auch der ionische Dia-
lekt als Litteratursprache gegenüber der durch Isokrates
und Plato auf eine classische Höhe gebrachten attischen
Prosa nicht halten können, waren auch die Kleinasiaten
im 4. Jahrhundert in Scharen nach Athen geströmt um
die attische Rede zu lernen, so machte sich doch jetzt
ein sehr entschiedener Rückschlag geltend, und in breiten
Massen drangen ionische Worte und Wendungen in die
Schriftsprache ein, den attischen Purismus binnen kurzem
überfluthend.

In allen Farben glänzt und funkelt diese romanhafte
Historie von den Thaten des grossen Königs, die mit
überraschender Schnelligkeit hervorspross. Nichts ist mehr
zu spüren von der dialektisch zugespitzten, die Worte auf
die Goldwage legenden, grosse Perioden streng abzirkeln-
den Rede der Attiker; in verwirrender Fülle drängen sich
die kühnsten Uebertragungen; eine sensationelle, prickelnde
Unruhe, eine Sucht nicht die Dinge selbst ruhig hinzu-
stellen, sondern den Eindruck den sie machen, auszumalen
und zu übertreiben, ein zügelloses Verschwenden der
Mittel kennzeichnen den Stil dieses Geschlechts, dem
Alexander das Blut mit doppelter Geschwindigkeit durch
die Adern gepeitscht hatte. In der Behandlung des Stoffes
beherrscht die neue Romantechnik alles. Die Historiker
wetteifern förmlich darin den Gang der Ereignisse immer
von neuem zu verschieben um wirksamere Gruppirungen
herauszubringen. Die Pracht der persischen Beute, das
wilde, tolle Leben der makedonischen Marschälle und

Satrapen, die, eben noch arme Junker, nun mit einem
Male die seit Generationen aufgespeicherten Schätze Asiens
zu schrankenloser Verfügung vor sich ausgebreitet sahen,
das melancholische Ende des unglücklichen, verrathenen
Achaemeniden, was für ein herrlicher Stoff war das für
eine phantastische, teratologische Historie. Und dann die
Riesengestalt des Königs selbst. Furchtbar war die Natur-
gewalt seines Zorns: selbst ein so eiskalter, vor keinem
Mord erbebender, nicht einmal die Schrecken des Ge-
wissens kennender politischer Rechner wie Kassander
wurde noch in späten Jahren, als Alexander längst todt
war, weiss vor Schrecken bei dem Anblick der Statue
Alexanders, weil er sich an die Scene erinnerte, wie der
König ihn als jungen Menschen wegen eines plötzlich
aufsteigenden Verdachts in jäher Wuth an die Wand
geschleudert hatte. Die makedonischen Könige pflegten,
wie die Herzöge der Germanen, am Abend mit ihren
Adlichen weidlich zu zechen, zum stillen Schrecken der
civilisirteren Griechen; da herrschte die alte Redefreiheit,
eine gefährliche Sitte; den Kleitos traf der Speer des
Königs, als er zu viel gewagt hatte. Die Verschwörung
des Philotas, der Prozess der Edelknaben verriethen welche
Mühe es Alexander kostete die verstockte Opposition
seiner Makedonen zu bändigen. Diese düsteren Bilder waren
wie dazu geschaffen zu den wirkungsvollsten Scenen umgesetzt zu werden; die ausmalenden Erfindungen legten sich
hier in dicken Schichten übereinander, in solchen Schichten
dass für uns, bei dem sehr begreiflichen Schweigen der offi-
ciellen Quellen, die Wahrheit nicht mehr zu erkennen ist.

Daneben hat es auch an der echten Sage nicht gefehlt, die sich an grosse Männer und an grosse Thaten
sofort ansetzt. Als die Makedonen zum ersten Mal an
das kaspische Meer kamen und hinter sich die hohen
Massen des Alborz mit dem Schneegipfel des Demavend
aufragen sahen, da dachten sie an die Amazonen, die ja
am Kaukasus, dem hohen Gebirg im fernen Nordosten
wohnen sollten, und wer zweifelte noch daran dass deren
schöne Königin zu ihrem König gekommen war und sich
ihm in Liebe hingegeben hatte? Ein anderes Bild. Drei
Jahre hatten die Makedonen sich in den sonnverbrannten
Steppen Bucharas, in den wilden, schwer zugänglichen
Bergthälern von Hissar mit den tapferen Baktrern, Sog-
den, den wie die Windsbraut kommenden und gehenden
Nomaden der Steppe herumgeschlagen, dann wars nach
Süden gegangen, den himmelhohen Gipfeln des Hindukusch
entgegen; immer höher waren sie gestiegen, durch schauer-
liche Steinmassen, starrende Abgründe, Schneefelder, und
nun als der 12 000 Fuss hohe Pass endlich überschritten
war und es hinabgieng, da wechselten plötzlich die Bilder.
Erst gieng durch die ehrwürdigen, dunklen Deodara- und
Tannenwälder, dann kamen Wiesen, Gärten, enge geschützte
Thäler, durchströmt von rauschenden, schäumenden Wassern;
wo die ragenden Felsen nur einen Platz liessen, da lockte
des Menschen fleissige Hand der Natur ihren Segen ab,
da wuchsen die herrlichsten Früchte, da kam die schwer
entbehrte Weinrebe wieder, der Gluthauch der Steppe,
der eisige Wind der Höhe war abgelöst von der frischen,
balsamischen Bergluft Kabulistans: man muss sich

einmal in die Seele dieser abgehetzten, durch alle Stra-
pazen nur noch mehr aufgeregten, dem unbekannten indischen Märchenlande in fieberhafter Spannung entgegen-
ziehenden Krieger versetzen, und man begreift wenn sie
sagten, hier ist Nysa, die Heimath des Dionysos, des
Gottes unter dessen segenschwerem Tritt Wein und Meth
aus der Erde quellen, der im fernen Osten weilt, wo
Freude und Ueppigkeit herrschen.

So etwas ist keine Erfindung eines sensationellen
Romandichters, das ist echte Legende des Volkes, das
dabei gewesen ist. Aber natürlich hat die romanhafte
Historie diesen Sagen die gleissnerische Pracht ihrer
Farben geliehen und sie als ganz besondere Kleinodien
dem prächtigen Kranz den sie aus Wahrheit und Dichtung zusammenflocht, eingefügt.

Das üppige Wuchern des Romanhaften drohte schon
bald nach Alexanders Tode die echte und zuverlässige
Ueberlieferung über ihn völlig zu ersticken. Man empfand
das in den Kreisen derer die Alexander noch gekannt
hatten; um sein und seiner Thaten Bild von den Uebertreibungen und Phantasien der romanhaften Historie zu
reinigen gaben der Admiral Nearch, eine der sympa-
thischsten und tüchtigsten Gestalten unter des Königs Pa-
ladinen, der Adjutant des Königs, Ptolemaeos, der spätere
König von Aegypten, ihre Admiralitäts- und Generalstabs-
berichte heraus, die sie einst für Alexander hatten an-
fertigen müssen; man sorgte für eine Publication der
Briefe Alexanders u. a. und schaffte so ein vortreffliches
Material zusammen, dessen kostbare, leider nur zu dürf-

tige Reste die Grundlage unseres Wissens von jener grossen Zeit bilden. Aber das war doch alles nur Material, das eines grossen Bearbeiters harrte, der die Gestalt des Königs, dieses seltenen Wunderwerkes der Natur, treu und sicher fasste und sie zeichnete für die Nachwelt. Er ist nicht gekommen; das Genie das dem Hellenenthum die Welt erobert, das es zu einer Weltmacht erhoben hat, hat keinen ihm wahlverwandten hellenischen Geschichtschreiber gefunden und sich mit dem Flimmer des Romanhelden, mit dem Nebelglanz einer unentwickelten Sage begnügen müssen. Im tiefsten Grunde war wohl das makedonische Element in Alexander schuld daran, das die Griechen, wo es ihnen in seiner vollen Grösse entgegentrat, nicht verstanden. Ist diese Anschauung richtig, so würde das litterarische Verhältniss wiederum getreu den historischen Gegensatz der republikanischen Hellenen gegen das makedonische Königthum wiederspiegeln. Es ist eine der erschütterndsten Tragoedien der Weltgeschichte, wie diese auf gesunder, nationaler Grundlage erwachsene Soldaten- und Offiziersmonarchie trotz all ihrer Tüchtigkeit, trotz all dem Guten das sie den Hellenen bot und das diesen so bitter noth that, sich doch vergeblich abgemüht hat das Griechenthum für sich zu gewinnen und es in die damals allein richtigen und möglichen Bahnen zu lenken, mochte es sich nun um die durchgreifende Colonisation des Ostens oder um festen Zusammenschluss gegenüber den bald von allen Seiten drohenden Gefahren handeln. An Hochachtung vor der hellenischen Bildung haben es diese Könige, von Philipp an, nicht fehlen lassen,

sie haben den Umgang mit den vornehmsten hellenischen
Geistern gesucht und meist auch gefunden, sie haben die
Empfindlichkeit der auf ihre Vergangenheit stolzen Re-
publiken geschont so viel sie konnten; und doch war
alles vergebens; nur einzelne, nur Bruchstücke der Nation
fielen ihnen zu, und immer wieder riss der verbohrte
Eigensinn der Freiheitsschwärmer, das wahnsinnige Trach-
ten nach der unseligen, nur in der Einbildung noch möglichen autonomen Selbständigkeit das mühsam geknüpfte
Band entzwei, bis endlich beide, Makedonien und Griechenland, verwüstet und erschöpft, den römischen Barbaren
eine leichte Beute wurden und nun bald die Ruhe des
Todes der langen Agonie ein Ende machte.

Nur von einer Seite ist, gleich im Anfang, der Versuch gemacht den Weltherrscher, den König der aus
Hellenen und Barbaren zusammengeschmolzenen Menschheit zu schildern, und zwar bezeichnender Weise von
einem Schüler und Anhänger der kynischen Philosophie,
von dem Aegineten Onesikritos, der am Kriege theilge-
nommen hatte und als Alexander auf dem Hydaspes eine
Flotte baute, zum Steuermann des königlichen Schiffes
ernannt worden war. Er gab seinem Buch den Titel
„Wie Alexander lernte sein Leben zu führen" und ver-
rieth schon dadurch, wie durch die offenkundige, von den
Alten bezeugte Nachahmung des Kyrosromans des Xenophon, dass er aus der Erzählung von Alexanders Thaten
und Feldzügen einen philosophisch-historischen Roman
machen wollte. Ich habe schon früher darauf hingewiesen
wie in dem kynischen Ideal des Weisen das Zukunfts-

programm der absoluten, aufgeklärten Weltmonarchie ent-
halten war: jetzt kam dies Programm heraus. Der grosse
Plan Alexanders, den er mit allen Mitteln verfolgte, mit
der Aufnahme der besten orientalischen Elemente in das
Heer, mit der Gründung eines persischen Reichsadels neben
dem makedonischen, mit Massenheirathen zwischen seinen
Soldaten und asiatischen Weibern, der Plan eine neue
Menschheit heranzuziehen, die nichts wusste von der
Trennung der Nationen, nichts von hellenischer Autonomie,
von makedonischem Adel, von den altpersischen Fürsten-
geschlechtern, die sich als nichts anderes fühlte als das
einige Bürgerthum des Weltreichs, dieser Plan, gegen den
sich die Makedonen ebenso stemmten wie die Athener,
wurde von dem Jünger der kynischen Lehre mit heller
Begeisterung begrüsst. Onesikritos sah in Alexander den
Weisen auf dem Thron, die Vereinigung der kynischen
Idealgestalten des Herakles und Kyros, den von Zeus der
Welt zum Heil gesandten Helden und König. Es ist noch
eine Scene aus seinem Werk erhalten, in der sich seine
Anschauungen in charakteristischer Weise ausgeprägt
haben. Alexander, der seine Leute kannte, hatte ihn
ausgeschickt zu den indischen Büssern, die den Kyniker
ganz besonders interessiren mussten. Onesikritos fand
auch bei diesen Heiligen eine Bedürfnisslosigkeit, eine
Askese neben welcher selbst der radicalste Kyniker noch
ein Schlemmer und Weichling war. Was er von seiner
Unterredung mit ihnen erzählt, setzt sich ihm wie von
selbst um in eine Predigt der kynischen Lehre, inson-
derheit der kynischen Askese, der kynischen Monarchie,

des kynischen Weltbürgerthums. Ich gebe zum Schluss
eine kleine Probe davon. Onesikritos kommt zu den Büssern und begrüsst zunächst den Kalanos, der, wie die anderen, nackt ausge-
streckt, im glühenden Sonnenbrand, auf dem heissen, steinigen Boden liegt. Der Grieche sagt ihm dass sein König
ihn geschickt hätte um sich von den Büssern ihre Weisheit erzählen zu lassen und sie ihm wieder zu melden;
wenns ihm vergönnt würde, so sei er bereit dem Vortrag
zu lauschen. Da erblickt der Inder den militärischen
Aufputz des Offiziers, den Mantel, den Hut, die hohen
Stiefel, lacht ihn aus und setzt ihm auseinander dass
wieder einmal, wie einst vor Jahrtausenden, Ueppigkeit
und Uebermuth in der Welt die Oberhand bekämen und
es Zeit würde dass diese Welt verschwände, um einer
besseren Platz zu machen: die kynische Umdeutung des
Mythus von den Weltperioden schimmert deutlich durch.
„Wenn Du mich hören und von mir lernen willst", so
schliesst der Inder, „dann leg diesen ganzen Firlefanz ab
und lass Dich nackt auf die Steine nieder so wie ich."
Da Onesikritos selbst erzählt, die Steine seien von
der Sonne so heiss gewesen, dass ausser den Büssern
es kein Mensch ausgehalten hätte mit blossen Füssen
auf ihnen zu stehen, wird er zu dieser Aufforderung
wohl ein langes Gesicht gemacht haben; der älteste und,
wie er meint, weiseste der Büsser, Dandamis, ist auch
höflicher, verweist Kalanos sein beleidigendes Wesen,
ruft den Griechen heran und sagt: „mir gefällt Dein
König dass er, ein so mächtiger Herrscher, nach Weis-

heit begehrt; er ist der einzige von dem ich gesehn habe
dass er in Waffen philosophirt: das wird für die Welt
der grösste Segen sein, wenn die einsichtig werden,
welche die Macht haben die Gefügigen durch Ueberredung
zur Vernunft und Selbsterkenntniss zu bringen, die
Widerspenstigen zu zwingen." Dann setzt er seine Lehre
auseinander, die nichts anderes ist als die Fundamental-
sätze der kynischen Askese: das ist die beste Lehre,
sagt er, welche die Seele reinigt von Lust und Schmerz;
verwechsele nicht Schmerz und Abhärtung; dadurch
dass wir Büsser unseren Leib abhärten, stärken wir
unsere Einsicht, so dass wir es vermögen Streit und
Aufstand zu beschwichtigen und der Obrigkeit sowohl
wie dem gemeinen Mann zum Guten zu rathen: diese
Rolle nahmen die kynischen Prediger für sich in Anspruch. Der Büsser fragt dann ob es auch bei den
Griechen eine solche Lehre gebe; als ihm Onesikritos
von seinen Meistern erzählt, billigt ihnen der Inder
das Zeugniss zu dass sie wohl Einsicht zu haben
schienen, aber doch immer noch die Convention über
die Natur stellten; sonst würden sie sich doch nicht
geniren die lästige, naturwidrige Kleidung abzuwerfen,
ein feiner Hieb gegen Onesikritos, dass er der Aufforderung des Kalanos nicht nachgekommen ist. In
dem Stil geht es dann noch eine Weile fort. Für
unsere Kenntniss des Kynismus zur Zeit Alexanders
ist das was Onesikritos den Büssern in den Mund legt,
von unschätzbarem Werth; wir können ihm nur dankbar
sein dass er die Inder zu Griechen gemacht hat.

IV

Es ist im vorigen Vortrag eingehend geschildert, wie die ionische, dem Roman sich nähernde Historie in der Geschichtschreibung Alexanders neu und mächtig aufblüht; hinzuzufügen ist noch wie bei diesem Aufblühn der alte Zusammenhang zwischen Geschichte und Geographie, der ursprüngliche Begriff der ἱστορία mit doppelter Kraft lebendig wird. Ist doch auch Ktesias, in dem wir den Hauptvertreter der ionischen Historiographie vor Alexander erkannten, den ionischen Ueberlieferungen bis zu einem gewissen Grade treu geblieben und hat es nicht versäumt von den wunderbaren Dingen die im Orient zu sehen waren, zu berichten. In seinem Geschichtswerk fehlte es nicht an Beschreibungen, wie z. B. von den riesigen Mauern und Königspalästen Babylons, von den hängenden Gärten, von der Königsstrasse von Ekbatana nach Babylon und Susa über die hohen medischen Berge und den an dieser Strasse liegenden, noch jetzt das Staunen der Reisenden erregenden Reliefs und Inschriften, die bei Bagistàna, jetzt Bisitûn, in schwindelnder Höhe

aus dem nackten, mühsam geglätteten Fels herausgehauen
sind. Wenn freilich Ktesias dieses stupende Selbstzeugniss
das König Dareios sich gesetzt hat, der Semiramis zuschreibt, so verräth er damit, dass er die babylonischen
und persischen Inschriften entweder nicht hat lesen können
oder nicht hat lesen wollen, ein sehr bedenklicher Umstand für die Glaubwürdigkeit der königlichen Urkunden
auf die er sich so gerne beruft. Erheblich wichtiger als
solche, wahrscheinlich sehr zahlreichen Episoden seines
Geschichtswerkes war seine Beschreibung Indiens. Indien
kommt her von 'Ινδός, und dies wiederum von dem indischen Worte *sindhu*, der Fluss oder speciell der grosse,
Indien im Westen durchfliessende und begrenzende Strom.
Die griechische Namensform entspricht der persischen, das
anlautende s in einen Hauchlaut verwandelnden Aussprache des indischen Wortes, und diese einfache und
unscheinbare sprachliche Beobachtung zwingt zu dem historischen Schluss dass die erste Kunde Indiens den Griechen
durch die Perser gekommen ist. Thatsächlich berichtet
auch König Dareios in seinen Inschriften dass er indische
und andere, aller Wahrscheinlichkeit nach am rechten
Indusufer wohnende Stämme unterworfen habe. Die ersten
ausführlichen Nachrichten über Indien scheinen um 500
durch ein sehr merkwürdiges Buch nach Griechenland gekommen zu sein, das des altionischen Reisenden Skylax
von Karyanda. Er erzählte dass er im Auftrag des Dareios
den Indus hinab immer weiter nach Osten gefahren sei;
ins Meer gelangt, habe er westlichen Curs genommen und
schliesslich den nördlichen Winkel des arabischen Golfs,

wo jetzt Suez liegt, erreicht. Wenn sich nun auch nicht
unbedingt leugnen lässt dass Skylax wirklich eine solche
Fahrt gemacht hat, so stehn dem Glauben daran doch
nicht leicht wiegende Bedenken entgegen, erstens die
falsche Orientirung des Indus, der nach S. und nicht
nach O. fliesst, ferner dass zu Alexanders Zeit die Fahrt
auf dem indischen Ocean für ein unerhörtes Wagniss galt,
und dass, wenn es auch Nearch glückte von der Mündung
des Indus bis zu der des Euphrat zu kommen, kein ein-
ziger der von Alexander ausgesandten Admirale sich ge-
traut hat Arabien zu umschiffen; erst in römischer Zeit
ist dieser Weg nach Indien erschlossen. Offenbar hat
man im 4. Jahrhundert dem Bericht des Skylax den
Glauben verweigert, wie ja auch Herodot die Ueberlieferung von der Umschiffung Afrikas durch die Phoeniker
für eine Fabel erklärt; und dass fabelhafte, teratologische
Dinge im Bericht des Skylax gestanden haben, ist sicher.
Es wäre nicht undenkbar dass Skylax eine wirkliche Fahrt
auf dem Indus mit anderen Nachrichten und einer auf
den wissenschaftlichen Theorien der ionischen Geographie
des 6. Jahrhunderts ruhenden Vorstellung von dem Meer
im Osten und Süden der Erde verbunden hat: man könnte
sein Buch dann als einen geographisch-wissenschaftlichen
Roman charakterisiren.

Ktesias Beschreibung Indiens ist hingegen von des
Gedankens Blässe nicht angekränkelt; es ist ein aus-
schweifendes, im Teratologischen schwelgendes Fabelbuch.
Wohl fehlt es nicht an Berichten die einen wahren Kern
durchschimmern lassen, wie der z. B. von dem grossen

Wurm im Indus, der am Tag im Schlamm des Flusses
lebt, Nachts aber herauskommt und alles Gethier was er
trifft, mit den Zähnen fasst und in den Fluss zieht, der
mit grossen, an eisernen Ketten hängenden Haken gefangen wird, weil er jeden Strick durchbeissen würde:
da ist das Krokodil leicht zu erkennen. Auch den
Papagei beschreibt er, der indisch oder griechisch sprechen
kann, je nach dem mans ihm beibringt. Daneben steht
aber das fabelhafteste Zeug von Däumlingen, Menschen mit
Hundsköpfen und anderen merkwürdigen Geschöpfen, von
wilden Eseln mit einem weiss-schwarz-rothen Horn auf
der Stirn u. s. w. Zu beachten ist dass Ktesias nicht
müde wird von der Gerechtigkeit der Inder zu reden.
Es ist das dieselbe „Gerechtigkeit" die andere, einem der
jüngeren Iliasdichter schon bekannte, Berichte den Völkern des Nordens, den milchtrinkenden Nomaden der
Steppe zuschreiben, die Gerechtigkeit nämlich welche die
alte Sage den Phaeaken, Aethiopen, Hyperboreern nach-
sagte, die am äussersten Rand der Erde, nah der Sonne
und den Göttern wohnen. Die gegen jedes Vorurtheil
sich auflehnenden ionischen Reisenden des 6. Jahrhunderts
waren sehr geneigt diese mythische Gerechtigkeit bei den
fernen Barbaren, von denen sie erzählten, wirklich zu
finden um ihren Zeitgenossen den hellenischen Dünkel
auszutreiben, und die Kyniker griffen das gern auf um
den paradiesischen Zustand der Naturvölker zu der in
Ueppigkeit verkommenen Cultur der bildungsstolzen, der
wahren Weisheit aber gänzlich baaren Griechen in Gegensatz zu bringen. Bei Ktesias ist aber von diesen philo-

sophischen und halbphilosophischen Ideen nichts zu spüren; dessen gerechte Inder sind nur eine sensationelle
Curiosität mehr neben so vielen anderen.

Das Fabelbuch des Ktesias, dem Geschmack des
grossen Publicums ebenso entgegenkommend wie sein
Geschichtswerk, hat eine nicht geringere Wirkung als dies
gehabt; noch in dem was die Alexanderhistoriker von
Indien berichten, lassen sich die Spuren der ktesianischen
Märchen verfolgen. Durch ihn wurde Indien für die
griechische Phantasie das Wunderland; er machte die
Neugierde gerade nach diesen Gegenden rege, und wenn
Alexander an dem Bergwall des Hindukusch nicht Halt
machte, wenn er aller Gefahren ungeachtet, obgleich das
neu eroberte Reich den festen Lenker, die überall ein-
greifende ordnende Hand nur zu sehr vermisste, doch den
indischen Zug unternahm, dessen Ende nicht abzusehen
war, so hat der Zauber den die griechische Teratologie
um das merkwürdige Land gesponnen hat, das Seinige
sicher dazu beigetragen. Ueber den Punkt liesse sich
mehr sagen; ich muss mich auf ein paar kurze Andeu-
tungen und Einzelheiten beschränken.

Alexander hat nicht nur Eroberer, er hat auch Ent-
decker sein wollen. Auf all' seinen Märschen liess er
genau die zurückgelegten Distanzen verzeichnen, auch das
was sich über Eigenthümlichkeiten des Landes erfahren
liess, zusammenstellen; dies urkundliche Material, in den
Reichsarchiven aufbewahrt, ist die Grundlage der asiatischen Karte geworden, die der grosse Geograph Eratosthenes
später entwarf. Die Probleme der altionischen Geographie,

welche durch die attische Dialektik und Begriffsphilosophie zurückgedrängt waren, machten sich jetzt, als Asien
neu erschlossen wurde, mit aller Kraft wieder geltend,
und der König hatte den brennenden Wunsch sie zu
lösen.

Diese altionische Geographie, welche alle conventio-
nellen und herkömmlichen Theilungen der Länder nach
Nationen und Reichen verabscheute und nur die natürlichen anerkannte, die nämlich durch das Wasser, stellte
mit der Kühnheit einer anfangenden Wissenschaft den
Satz auf dass die Erde eine vom Weltmeer oder, wie
man damals im Gegensatz zum Mittelländischen Meer
sagte, vom äusseren Meer umflossene kreisrunde Scheibe
sei; auf diesem Meer schwimmen zwei Continente, einer
nach Abend und Mitternacht zu, dunkel und kalt, den
man darum mit dem Namen einer alten Unterweltsgöttin
Europa belegte, ein zweiter nach Süden und Mittag, warm
und sonnbeschienen, Asien; am Rande Asiens, in der
Mitte der Erdscheibe, lag natürlich Ionien. Die beiden
Continente mussten durch Wasserstrassen im Westen und
Osten getrennt sein: das waren im W. die Strasse von
Gibraltar — denn Afrika wurde in früherer Zeit zu Asien
gerechnet —, im Osten der Phasis, von dem man sich
dachte dass er das Schwarze mit dem Kaspischen Meer
verbände. Es ist leicht zu sehen dass in dieser Theorie
sich vereinigen die echtwissenschaftliche Definition des
Begriffes Continent mit der Beobachtung des Gegensatzes
der das warme Klima der kleinasiatischen Küste von
den kalten thrakischen und südrussischen Wintern scheidet,

und mit sagenhaften Elementen, die trotz aller Kritik nicht
fernzuhalten waren; denn das äussere Meer das die Erde
umfliesst, ist deutlich der Menschen und Götter trennende
Okeanos des Epos, und auf den Gedanken dass ein Fluss
wie der Phasis vom äusseren Meer in ein Binnenmeer
wie das Schwarze hineinfliesse, kommt der Ionier nur
darum so leicht, weil nach der Sage die Flüsse vom
Okeanos abstammen. Es ist ferner klar dass diese Theorie
das kaspische Meer für einen Theil des Oceans hielt und
es in Verbindung setzte mit dem Rothen Meer d. h. nach
griechischem Sprachgebrauch mit dem äusseren Meer im
Osten, aus dem die rothe Gluth der Sonne sich des
Morgens erhebt: die ursprünglich rein mythische Bezeich-
nung ist später dem Indischen Ocean gegeben und erst
durch modernen Irrthum beschränkt auf einen Ausläufer
des Indischen Oceans, auf den von den Alten arabisch
genannten Golf.

Diese Theorie gerieth nun aber schon im 5. Jahrhundert ins Wanken. Herodot, der die ionische Wissenschaft nicht leiden kann versichert triumphirend dass
das kaspische Meer ein Binnensee sei. Vom Ostmeer war
die Kunde zu unbestimmt als dass man noch an eine
Verbindung des Meeres bei Indien und des südlich von
Afrika als an eine feste Thatsache zu glauben wagte.
Jetzt begreift man wesshalb Alexander in Indien ange-
langt, so rastlos weiter nach·Osten eilte; er, der ja König
von Asien sein wollte, hatte sich als Ziel gesteckt das
Gestade des Sonnenmeeres, das Asiens östliches Land, Indien im Osten begrenzte, und er glaubte an dies Ziel zu

gelangen; war doch sein Lehrer Aristoteles der Meinung
dass der Hindukusch das Gebirg am Rand der Erde sei,
von dem man das Ostmeer sehen könne, wie vom Kaukasus das Kaspische, dessen Verbindung mit dem Ostmeer
trotz der besseren Nachrichten Herodots immer wieder
und wieder behauptet wurde. Als es zu Lande nicht
glückte, fuhr Alexander den Indus hinab um das viel-
genannte und vielbestrittene Meer doch wenigstens zu
sehen und liess durch seinen Admiral Nearch die ganze
Küste bis in den innersten Winkel des persischen Golfs
untersuchen, in der Hoffnung hier Häfen und Städte an-
legen zu können und so dem Weltverkehr neue Bahnen
zu eröffnen, Indien dauernd mit dem Westen zu verbinden.
Sodann liess ihn der Gedanke nicht los dass das Kaspische
Meer doch vielleicht im Norden offen sei und es möglich
sein würde von ihm aus nördlich um die Erde herum
nach Indien zu fahren. Die von ihm beabsichtigte
Expedition zur Erforschnug des Kaspischen Meeres und
des nördlichen Oceans wurde erst unter seinen Nach-
folgern nach seinen Plänen ausgeführt; der von dem syrischen König Seleukos ausgesandte Admiral wagte sich
nicht weit vor und erklärte, Alexander habe Recht, so
dass dieser Gedanke, das Kaspische Meer sei ein Golf des
nördlichen Oceans, zum festen Dogma der alten Geographie wurde.

Das genüge um eine Vorstellung davon zu geben
welche Wichtigkeit der König der Erdkunde beimass und
dass im letzten Grunde er die mehr oder weniger wissenschaftliche Reiselitteratur angeregt hat, die nach ihm einen

so ungeheuren Aufschwung nimmt. Ich muss sie hier
übergehn und mich zum Roman zurückwenden.

Auf den Einfluss des Ktesias und auf den Entdecker-
eifer des Königs selbst ist es zurückführen, wenn bei fast
allen Alexanderhistorikern die Beschreibung Indiens, der
Natur sowohl wie der Menschen, einen sehr breiten Raum
einnimmt. Dagegen wird merkwürdiger Weise das romanhafte Element hier verhältnissmässig bescheiden und
zurückhaltend. Natürlich kommen Aufschneidereien und
Uebertreibungen vor, aber im Grossen und Ganzen muss
man doch sagen dass die Schilderungen von Land und
Leuten klar, scharf und getreu sind: Indien ist und war
damals noch viel mehr ein so wunderbares Land, dass es
genügte die Wahrheit über es zu sagen um einen romanhaften Eindruck zu machen. Ja man darf hinzufügen:
die landschaftlichen Schilderungen nicht nur von Indien,
sondern von allen Theilen Asiens die Alexander durch-
zog, sind überhaupt das beste das die romanhafte Historie
hervorgebracht hat; sie sind, wenn man von ein paar ab
und zu unterlaufenden Fabeln und von mehr stilistischen
Geschmacklosigkeiten absieht, wahre Meisterstücke von
Anschaulichkeit, so gut gearbeitet dass sie auch in der
späten Umformung und Verkürzung die sie durch einen
geographisch völlig unwissenden Römer erlitten haben,
noch ihren frischen Reiz ausüben. So wird das schöne,
von den Wassern des Bendamir und Polvar durchströmte
Thal von Persepolis so beschrieben: „Eine weite Ebene
breitet sich zu den Füssen der Berge aus, von Feldern,
Weilern und Städten bedeckt. Der Araxes führt die

Wasser vieler Gebirgsbäche durch diese Gefilde in den
Medos — es sind die beiden oben genannten Flüsse —,
beide Flüsse erzeugen herrliche Wiesen und wohin sie
dringen, entspriesst ein üppiger Blumenflor. Platanen
und Pappeln bedecken die Ufer, so dass es von fern so
aussieht als wenn zwischen den Bergen nur ein grosser
Hain sei. Denn das Bett des von Bäumen umgebenen
Flusses ist tief eingeschnitten, und an ihm steigen ebenfalls mit Wald bedeckte Hügel empor." Die Schilderung
des Marsches durch die Sandsteppe die sich zwischen
Baktra und dem südlichen Ufer des Amu-Darya hinzieht,
ist nach den Berichten englischer und russischer Reisender völlig zutreffend. Zunächst ist von den Steppen im
Allgemeinen die Rede: „Ein grosser Theil von Baktrien
sind Sandwüsten, wo kein Mensch wohnt und kein
Halm gedeiht; die Westwinde fegen den Sand zu grossen
Dünen zusammen und verwischen jede Wegspur. Die
Reisenden beobachten daher um den Weg zu finden
Nachts die Sterne, und man muss sagen dass das Dunkel
der Nacht fast heller ist als der dunstgetrübte Himmel
des Tages." Und dann geht es weiter bei der Erzählung
von dem Marsch selbst: „10 Meilen lang ist kein Tropfen
Feuchtigkeit zu finden. Die Sommersonne macht den
Sand glühend, der von dem heissen Erdboden aufsteigende
Dunst trübt das Tageslicht, und die Steppe sieht aus wie
ein riesiges, tiefes Meer. Man zog vor Nachts zu mar-
schiren um die Erquickung des Thaus und der Morgen-
frische benutzen zu können. Aber mit Sonnenaufgang
beginnt auch die Gluth; die Trockenheit der Luft nimmt

dem Körper alle natürliche Feuchtigkeit, Mund und Eingeweide sind wie verbrannt. So sank den Soldaten erst der Muth, dann verloren sie die körperlichen Kräfte; sie mochten weder stehen bleiben noch weiter gehn. Nur wenige hatten sich etwas Wasser mitgenommen, und das hielt nur für eine kurze Weile vor. Dann begann der brennende Durst von neuem, Wein und Oel gossen sie sich ein mit sinnloser Verschwendung" u. s. w. Das Gemälde der Schneelandschaft, die Alexanders Heer auf der gefürchteten Hochebene von Ghazni, zwischen Qandahar und Kabul, passiren musste, heimelt manchen Nordländer vielleicht an, während das ganze Entsetzen des Hellenen über die Oede einer schneebedeckten Winterlandschaft aus jeder Zeile spricht: „Die Hütten der Eingeborenen sind aus Luftziegeln gebaut, bis oben hin, da kein Holz sich dort findet; sie gehen spitz zu und der First sieht wie ein Schiffskiel aus": an der umständlichen Beschreibung erkennt man den Griechen, dem ein spitzes Dach etwas Unerhörtes ist. „Oben ist ein Loch gelassen, durch welches das Licht eindringt. Weinstöcke und Obstbäume, soweit sie in dem kalten Klima überhaupt fortkommen, werden im Winter eingegraben und erst wenn der Schnee geschmolzen ist, dem Licht und der Sonne wiedergegeben. In dem tiefen, festgefrorenen Schnee ist keines Vogels, keines Wildes Spur zu sehen. Das Tageslicht könnte dort eher ein Tagesschatten heissen, denn ein dunkeler, nachtgleicher Himmel spannt sich über die Erde; kaum ist die nächste Umgebung sichtbar, und in dem grauen Nebel verrathen sich die menschlichen Wohnungen zuerst

durch den Rauch." So schildert nur einer der die Dinge
selbst gesehen hat; und mit dieser durch eigene Erfahrung
gewonnenen und vervollkommneten Kunst der landschaftlichen Schilderung haben die Geschichtschreiber Alexanders den Reizmitteln der romanhaften Technik ein durchaus nicht zu verachtendes hinzugefügt; da lebte die echte
alte Beobachtungsgabe der Ionier wieder auf.

Freilich gab sich besonders das weniger gebildete
Publicum mit diesen feinen, plastischen Schilderungen
nicht zufrieden; das wollte gröbere Waare haben und
verlangte dass, wenn Alexander nun einmal nach Indien
gekommen wäre, er dort auch ordentliche, handfeste Wunder hätte erleben müssen. Da entstanden nun eine ganze
Reihe von Alexanderromanen in Briefen; denn der alte,
schon im Epos aufgekommene Kniff die wunderbarsten
Geschichten durch die Form der Selbsterzählung als un-
anfechtbare Wirklichkeiten zu legitimiren führte dazu
Alexander selbst oder einem seiner Begleiter das Wort
zu geben und zwar im Brief, wie es sich für eine Zeit
gehörte, wo der Brief ein wichtiges Mittel des geistigen
Austausches sowohl als der monarchischen, mit einer
grossen Beamtenhierarchie arbeitenden Regierungen wurde.
Besonders beliebt ist die Form dass Alexander an seine
Mutter Olympias oder an seinen Lehrer Aristoteles schreibt;
manchmal aber auch ist nicht er selbst, sondern einer
seiner Generale und Begleiter der Correspondent.   In
diesen Briefen gieng es freilich toll her. Da sieht Alexander eine Insel von der Küste aus; als einige von seinen
Leuten dahin übersetzen und, wie sie meinen, an Land

gehn, taucht die ganze Insel mit sammt den Ankömm-
lingen unter; denn in Wahrheit wars ein Seeungeheuer
gewesen. Oder Alexander kommt in eine Gegend voll
des wunderbarsten, greulichsten Gethiers, ellenlangen
Skorpionen, 10 Ellen grossen Füchsen, die Nachts aus
dem Sand herauskriechen, Fledermäusen, die den Soldaten Nasen, Ohren und Finger abfressen: oder es werden
ihm die redenden Bäume der Sonne und des Mondes
gezeigt, die ihm seinen baldigen Tod weissagen u. s. w.
u. s. w.

Zu einem, im Einzelnen freilich arg verstümmelten
und verwüsteten Conglomerat solcher Briefe gesellte sich
in später Zeit ein sehr merkwürdiges Product halb volks-
thümlicher halb gelehrter Litteratur, eine alexandrinische
Legende von Alexander, dem dort begrabenen Schutz-
heiligen der Stadt.

Die aegyptischen Fellahs sind stets ein geduldiges
Sklavenvolk gewesen, das sich von seinen eigenen Pharaonen, von den Makedonen, den Römern, später den Arabern
und Türken das Fell über die Ohren ziehen liess: sie er-
tragens ja jetzt auch von den Engländern. Aber in einem
Punkt waren sie, im Alterthum wenigstens, empfindlich;
sie verlangten strengste Schonung ihrer Religion und
wollten in ihrem König, wess Stammes und Volkes er
auch sein mochte, eine Incorporation des Amun-Ra sehen
können. Darin hatten die Perser schwer gefehlt, und die
Ptolemaeer machtens klüger. Sie bauten den aegyptischen
thierköpfigen Göttern die schönsten Heiligthümer, fütter-
ten den Apisstier und die heiligen Katzen mit dem Geld

ihrer Unterthanen, so gut sie konnten, und wussten es der
Priesterschaft schon beizubringen dass sie sich nicht
schlecht dabei stände, wenn sie die ptolemaeischen Ma-
jestäten als legitime Pharaonen respectirte. Der Lohn
blieb nicht aus: der Glaube kam bald auf dass Alexander, als dessen legitime Nachfolger die Ptolemaeer galten,
gar nicht der Sohn Philipps gewesen wäre, sondern ein
Abkömmling des letzten nationalaegyptischen Königs, des
Nektanebos, der als aegyptischer Gaukler die Olympias
bethört hätte, und dass seine Stadt Alexandrien gegründet
wäre auf Befehl des Amun-Ra, an Stelle eines alten
Heiligthums des Serapis, der bei der Gründung selbst erschienen wäre und der Stadt ewige Wohlfahrt und Dauer
verhiessen hätte.

Diese beiden Elemente, die alexandrinische Legende
und die teratologische Brieflitteratur, sind mit einigen
anderen fabelhaften Ablegern der Alexandergeschichte zusammen in später Zeit, nicht vor dem 3. nachchristlichen
Jahrhundert, zu dem sogenannten Alexanderroman zu-
sammengeschichtet, einem plebejischen, mit der grössten-
theils zeitgenössischen, romanhaften Alexandergeschichte
ja nicht zu verwechselnden Werk, das zu weltgeschicht-
licher Bedeutung erst gelangte im Mittelalter. Da hat
es den Arabern und Persern so gut wie den Rittern
des Occidents die Gestalt Alexanders übermittelt und
zahllose poetische und prosaische Bearbeitungen hervor-
gerufen; als alle echte Kunde von dem grossen König
schlummerte, haben Morgen- und Abendland sich ergötzt
an den wunderbaren Abenteuern des Helden, dem nichts

7*

zu weit und zu gefährlich war, und sich vereinigt zu
seinem Preis, ohne zu ahnen dass er in Wahrheit viel
schwereres, viel unmöglicheres als all die ihm angedich-
teten Wunderthaten gewollt und zum Theil auch ausgeführt hatte, die Vereinigung von Orient und Occident.
Neben diesen allmählich wachsenden, von einer
schriftstellerischen Individualität nie gepflegten Elementen
eines antiken Volksbuches steht eine sehr viel vornehmere
und doch so gut wie ausschliesslich auf das Unterhaltungs-
bedürfniss berechnete Litteraturgattung, die sich nach
Alexander zu hoher Blüthe entwickelt hat, der Reiseroman. Es ist ein merkwürdiges Zeugniss für die Kraft
der hellenischen Sage, dass noch in dieser zersetzenden,
alles auflösenden Zeit die alten, schon vom Epos ver-
brauchten Geschichten von den fernen, am äussersten Rand
der Erde gelegenen Paradiesen wieder auftauchten. Wenn
es nun aber auch genug Menschen gab, die gerade darum
weil es in der Welt draussen so wild und toll hergieng,
sich von einem geschickt fabulirenden Schriftsteller gern
den Traum erzählen liessen von frommen und gerechten
Menschen, die auf weltabgeschiedenen Inseln, unter einem
ewig lachenden Himmel, von Krieg, Pestilenz, Hungersnoth
und socialer Frage verschont ein gottseliges Leben führen,
so mussten diese alten Bilder doch stark aufgefrischt und
mit ganz modernen Reizen ausstaffirt werden um ein
Publicum zu befriedigen, das sehr viel blasirter, sensations-
lustiger und bildungsstolzer war als die Ionier die einst
ihren fahrenden Sängern gelauscht hatten. Die Icherzählung blieb, aber es war die Icherzählung der ionischen

Reisebeschreibung, nicht des Epos: es erzählt kein Held
und kein Apollopriester, sondern ein reisender Kaufmann
oder ein vom König in besonderer Mission ausgeschickter
Beamter. Man liess es sich gefallen von dem Apollo
dienenden Priestervolk der Hyperboreer wieder einmal
zu lesen; aber das Buch musste mit einer phantastischen
Geographie aufgeputzt sein, welche die Theorie von dem
nördlichen, von Nordfrankreich bis zur Nordostspitze Indiens reichenden Ocean ausgestaltete. Häufiger noch
wurden die paradiesischen Inseln in den, man kann wohl
sagen, neuentdeckten indischen Ocean verlegt; da wurde
dann wohl das sogenannte glückliche Arabien mit hineingezogen, das jetzige Yemen, ein Land das jenen Namen
in keiner Weise verdient und ihn zu Alexanders Zeit nur
darum erhalten hat, weil sich an diese, für Alexanders
Flotten noch unzugänglichen Küsten die alten Vorstellungen von dem glücklichen Land am Südrand der Erde an-
setzen konnten. Es wirkte mit dass man sich das Land
aus dem die meisten wohlriechenden Harze und Hölzer,
vor allem der den Göttern bestimmte Weihrauch kamen,
nicht anders denn als ein gottgeliebtes, wunderbar duften-
des Paradies vorstellen konnte. Sodann wurde sehr vieles
aus der Pracht der indischen Natur und Cultur auf dies
halb fabelhafte glückliche Arabien und die ganz fabelhaften Inseln des Indischen Oceans übertragen. Philosophische Utopien, wie Weibergemeinschaft und Communis-
mus, dienten daneben zur Ergötzung und Unterhaltung
eines gebildeten Publicums. Mit diesem Bildungsschim-
mer verträgt sich die Teratologie sehr wohl; so erzählt

einer dieser fabulirenden Reisebeschreiber dass auf der
von ihm entdeckten glücklichen Insel die Menschen zwei
Zungen hätten, so dass sie zwei Gespräche zugleich führen
könnten; ihre Ohren hätten viel grössere Oeffnungen als
unsere und wären mit beweglichen Zäpfchen verschlossen
u. s. w. Sehr merkwürdig ist dass eins dieser Bücher,
nach seinem Titel zu schliessen, die indische Sage von den
Uttara Kuru, dem indischen Gegenstück der griechischen
Hyperboreer, zu Grunde legte. Im Einzelnen wissen wir
recht wenig von dieser Litteratur, von der sich nur dürf-
tige Auszüge gerettet haben; von dem Mirakelstoff den
die hellenistischen Reiseromane zusammengehäuft hatten,
kann man sich noch am ersten eine Vorstellung bilden
aus der carikirenden Parodie in Lucians Wahrer Historie,
wo mit bewusster Absicht die tollsten Schwindeleien zu-
sammengestellt und noch vergröbert sind; von diesem Buch
ist manches in die Erzählungen des Baron Münchhausen
aufgenommen, wie z. B. die Reise durch die Erde hindurch,
der Aufenthalt in der Schmiede des Hephaestos u. s. w.

Unter diesen Reiseromanen war einer der noch eine
ganz besondere Pikanterie auftischte. Euhemeros, ein
Zeitgenosse des Königs Kassander, also der ersten, höchstens der zweiten Generation nach Alexander angehörig,
erzählte dass er vom glücklichen Arabien aus nach mehr-
tägiger Fahrt zu einer Inselgruppe mitten im indischen
Ocean gelangt sei. Die eine, die heilige genannt, ist die
eigentliche und wahre Heimath des Weihrauchs, der
das einzige ist das dort wächst, aber dafür in solcher
Menge dass er für die Opfer der ganzen Welt genügt;

von dort wird er erst auf Schiffen nach Arabien gebracht
und dann weiter verfrachtet. Sie ist bewohnt von Pan-
chaeern, die auch die Ureinwohner der weiter nach Osten
gelegenen grösseren Insel sind. Hier liegt, 1¹/₂ Meilen
von der Hauptstadt entfernt, das Heiligthum des triphylischen Zeus in einer Ebene zu Füssen eines Berges, des
triphylischen Olymp. In der Nähe, durch eine Allee mit
dem heiligen Bezirk verbunden, entspringt der von Anfang an schiffbare Fluss der Sonne aus einer prachtvollen,
mit Marmorquadern eingefassten Quelle; der Fluss ist in
zahlreichen Canälen durch die Ebene geleitet; diese, wohl
bewässert, ist ein Bild schönster, üppigster Natur. Schat-
tige Haine von hohen Bäumen, in denen die Vöglein lieb-
lich singen, Gärten, blumige Wiesen wechseln mit einander; Dattelpalmen und Nussbäume liefern reichliches
Obst; in dicht verschlungenen Weinreben prangen die
herrlichsten Trauben. Der Tempel selbst strotzt von
Marmor, Gold und Silber, Elfenbein, kostbarem Holz.
Das gehört alles zu den hergebrachten Prunkstücken der
Reiseromane, ebenso der halb utopische, halb indische
Bericht von der Verfassung der Panchaeer; aber eine
Ueberraschung ist die grosse Inschrift, die heilige Urkunde
genannt, welche im Tempel auf einer goldenen Tafel ein-
gegraben ist. Darauf standen die merkwürdigsten Auf-
klärungen über die griechischen Götter zu lesen, nichts
anderes nämlich als die Geschichte des Uranos, Kronos und
Zeus, die in Wahrheit die alten Könige von Panchaea
gewesen waren, mit einem Nachtrag über die Thaten des
Apollon und der Artemis. Uranos, der erste König, war

ein weiser Mann gewesen, der auf dem triphylischen Berg
die Sterne beobachtete und den Menschen lehrte die
Himmelskörper mit Opfern zu verehren. Seine Söhne
Titan und Kronos stritten sich um die Herrschaft, schliesslich vertrugen sie sich unter der Bedingung dass Kronos
herrschen, aber keinen männlichen Nachkommen am
Leben lassen sollte, damit nach seinem Tode die Krone
an das Geschlecht Titans zurückfiele. Die beiden haben
indess bei dem Vertrag nicht mit den Weibern gerechnet:
Kronos Frau Rhea, seine Schwester Demeter, seine Mutter
Hestia beschwatzen ihn die ihm geborenen Söhne zu ver-
stecken und heimlich grosszuziehen. Als Titan den Be-
trug merkt, nimmt er mit seinen Söhnen, den Titanen,
Kronos und Rhea gefangen und sperrt sie ein. Mittlerweile ist Zeus, Kronos ältester Sohn, in Kreta zum Manne
herangewachsen, zieht mit einem Heer heran, besiegt
Titan und seine Söhne, befreit seine Eltern und setzt
Kronos wieder auf den Thron; dann kehrt er nach seiner
Adoptivheimath Kreta zurück. Nun wird aber Kronos
gegen ihn misstrauisch wegen eines Orakelspruchs, der ihn
warnt sich von seinem Sohn nicht vom Thron stürzen zu
lassen, und trachtet ihm, seinen Sohne und Befreier, nach
dem Leben. Zeus kommt dahinter, erklärt dem Vater
den Krieg und besiegt ihn in einer grossen Schlacht am
thessalischen Olymp; von Zeus Trabanten durch die ganze
Welt gehetzt, findet er endlich im Westen, in Italien,
eine Zufluchtstätte. Zeus selbst geht über Babylon, wo
er mit dem König Bel Freundschaft schliesst, nach Panchaea und stiftet dort einen Cult seines Grossvaters

Uranos. Dann durchzieht er fünfmal die Welt, bringt
überall hin die Segnungen der Civilisation, schliesst mit
allen Königen Bündnisse und veranlasst sie ihm Tempel
zu erbauen und göttliche Ehren zu erweisen. Schliesslich
errichtet er sich in Panchaea selbst den geschilderten
prachtvollen Tempel mit der grossen Inschrift, theilt sein
Reich unter seine Freunde und Verwandten und zieht
sich nach Kreta zurück, wo er stirbt; sein Grab mit der
Inschrift „Zan Kronos Sohn" ist noch in Knossos zu sehn.
In diesem Stil scheint die ganze Theogonie und ein Theil
der Heldensage behandelt zu sein; dass es an pikanten
Abenteuern nicht fehlte, verräth die zufällig erhaltene
Notiz dass Kadmos der Koch des Königs von Sidon gewesen sei, der mit der Harmonia, einer Flötenspielerin
aus dem königlichen Harem, durchgebrannt wäre. Das
Buch des Euhemeros ist eins der ersten griechischen
Prosawerke die ins Lateinische übersetzt wurden; es ist
ja eine, z. B. durch die russische Litteraturgeschichte be-
stätigte Erfahrung dass bei der Reception einer fremden,
vollentwickelten Litteratur gerade die Erzeugnisse einer
bedenklichen Ueberreife den starken Nerven der Barbaren
besonders zusagen. Später plündern die Kirchenväter,
besonders die weniger gebildeten des lateinischen Sprach-
gebiets den gottlosen Roman mit ingrimmiger Wonne
und werden nicht müde ihn als ein schätzbares Geschichtsbuch anzupreisen, das die Wahrheit über die griechischen
Götter lehren könne. Eine eigene Ironie des Schicksals
hat es gefügt dass die französischen Aufklärer des 18. Jahrhunderts, die schlimmsten Gegner der christlichen Kirche,

in dieser Neigung mit den alten Vertheidigern des christlichen Glaubens zusammengetroffen sind: diese haben dann auch den nicht sehr passenden Namen Euhemerismus für die ganze rationalistisch-pragmatische Mythendeutung aufgebracht.

Denn die Art die Sage in Geschichte umzusetzen und den Pragmatismus einer solchen Geschichte aus den Verhältnissen der Gegenwart zu nehmen ist ja viel älter als Euhemeros und schon früher ihren Ursprüngen nach betrachtet. Das scheint allerdings vor Euhemeros keiner gewagt zu haben die Theogonie, die Göttersage in eine Reihe historischer Vorgänge aufzulösen, welche, mit verblüffender Deutlichkeit die Geschichte Alexanders und seiner Nachfolger wiederspiegelnd, die Götterverehrung daher ableiten, dass Könige zu ihren Lebzeiten aus politischen Gründen ihren Unterthanen und Bundesgenossen befohlen ihnen Tempel zu errichten und Opfer darzubringen.

Alexander hatte den Plan gehabt die Einheit des Weltreichs in dem Cult des Königs gipfeln zu lassen, und seine Nachfolger in Aegypten und Syrien brachten mit grosser Geschicklichkeit die Griechen — die Orientalen thatens so wie so — dazu ihrer Majestät Heiligthümer zu stiften und Feste zu feiern. Es war aber ein starkes Stück, ein witziger Hieb gegen Thron und Altar, dass nun ein Romanschreiber auf die Idee kam den Spies umzudrehen und was Alexander und den Diadochen recht war, der Dynastie des Göttervaters Zeus billig sein zu lassen. Uebrigens ist davor zu warnen den Witz des Eubemeros darum besonders hoch zu stellen, weil die Apotheose der

Könige etwas abscheuliches gewesen wäre. Sie war durch
den Individualismus des 4. Jahrhunderts vollständig vor-
bereitet und stand der hellenischen Auffassung durchaus
nicht so fern wie eine oberflächliche Betrachtung glaubt;
nur eine flache Rhetorik wird an diese sehr complicirten
Dinge den Massstab des Monotheismus der jüdischen
Propheten oder der altchristlichen Gemeinden legen.

An Nachahmungen des Euhemeros hat es nicht gefehlt; immer wieder wird sein Kniff die Gestalt Alexanders in die Göttersage hineinzuprojiciren angewandt um
Zeus, Osiris oder Dionysos zu einem die Segnungen der
Civilisation überallhin tragenden Welteroberer zu machen,
dem dann nebst seinen Ministern und Generalen die
göttliche Würde von den erfreuten Unterthanen ertheilt
wird; nur in dem einen Punkt pflegen sich diese theo-
gonischen Romane zum Vortheil der Frömmigkeit und
zum Schaden des Witzes von dem des Euhemeros zu
unterscheiden, dass sie ihren Helden die Apotheose erst
nach dem Tode gönnen.

Neben und mit dieser Sorte von romanhafter Theo-
logie läuft die Rationalisirung der Heldensage weiter.
Der neuen Zeit entsprechend, wird die Sage jetzt mit
den grellen Farben des hellenistischen Hoflebens und der
höfischen Erotik übertüncht, ihr einfacher Gang in ein
verzwicktes Netz künstlicher Motivirungen eingefangen.
Diese Gattung mythologischer Romane pflanzt sich un-
unterbrochen fort in die römische Kaiserzeit und bis tief
ins byzantinische Mittelalter hinein; lateinische Uebersetzungen solcher Romane vom troischen Krieg waren für

die abendländische ritterliche Poesie die einzige, sehr
trübe Quelle, aus der sie die Kunde von den homerischen
Gestalten schöpfte; und so sind die greulichen Verzerrun-
gen der erhabensten Heldenpoesie in die Ritterromane
gekommen, denen die Renaissance durch die wuchtige
Faust Shakespeares ein wohlverdientes Ende bereitete.

Das Romanhafte hat in der Zeit Alexanders zwei
neue Gebiete sich erobert, die halb religiösen, halb philosophischen Vorstellungen von einer selbständigen, dies
Leben überdauernden Existenz der Seele und die Lebens-
geschichte erst der philosophischen Heiligen, dann der
grossen nationalen Dichter. Darüber sind noch ein paar
Worte zu sagen; leider muss ich mich ganz kurz fassen,
da ein näheres Eingehen, wenn es nicht unverständlich
bleiben soll, sehr viel Zeit erfordern würde. Aus uralten
Vorstellungen, die meist mit dem Todtencult und der
Blutrache in Verbindung stehn, entwickelten sich in Folge
der grossen religiösen Bewegung des 6. Jahrhunderts zwei
ursprünglich getrennte, später sich vielfach in einander
verschlingende Lehren von der Seele des Menschen im
Gegensatz zum Körper. Nach der einen ist es den Seelen
der Frevler und der Unheiligen beschieden nach dem
Tode in den Schlamm der Hölle gestossen zu werden,
nur die welche gewisser Weihen theilhaftig geworden,
durch gewisse Ceremonien geheiligt sind, gehen ein in die
Gefilde der Seligen, deren Herrlichkeit mit den glühend-
sten Farben geschildert wird. Die andere, vornehmere
Predigt lautet dass die Seele zu Hause ist im Himmel
— besonders gern wird als ihr Aufenthalt der Mond oder

die Milchstrasse genannt —, durch eigenes Verschulden
hinabsinkt auf die Erde in das Grab des Leibes und nicht
nur eines· Leibes, sondern vieler nacheinander, menschlicher und thierischer, bis sie nach vielen tausend Jahren
endlich gereinigt und geläutert zu ihrer himmlischen
Heimath zurückgelangt. In ihren Hauptzügen wird diese
Predigt zurückgehn auf Pythagoras selbst, jenen merkwürdigen Propheten welcher viel alten und echten Volksglauben neu belebend, der religiösen Reform seiner Zeit
einen festen Halt gab durch die Stiftung einer aristokratischen Gemeinde, die sich in den Griechenstädten Unteritaliens weit verbreitete und an vielen Orten politischen
Einfluss, ja sogar die Herrschaft gewann. Das merkwürdigste und das echthellenische an dieser Gemeinde und
an ihrem Stifter ist dass sie ihre religiös-politischen Anschauungen in engste Verbindung setzten mit der Wissenschaft und zwar mit der exactesten von allen, mit der
Mathematik und der Astronomie. Ich brauche noch gar
nicht an den grossen Einfluss der pythagoreischen Wissenschaft auf die platonische Mathematik und Astronomie
zu erinnern, auch nicht daran dass in der pythagoreischen
Schule zuerst der Gedanke auftaucht dass die Erde sich
um die Sonne dreht; der pythagoreische Lehrsatz, die
Proportionslehre und ihre Anwendung auf die Musik, die
Entdeckung der Kugelgestalt der Erde genügen um der
pythagoreischen Gemeinde ein unvergängliches Denkmal
in der Geschichte der Wissenschaft zu stiften. Die aristokratischen pythagoreischen Gemeinden in Unteritalien und
Sicilien büssten durch die demokratischen Revolutionen,

dann, im 4. Jahrhundert, durch das auf die Demokratie
gestützte Fürstenthum Dionys I. und II. von Syrakus ihre
Lebenskraft ein, aber der Pythagoreismus gieng mit
Nichten zu Grunde; er wanderte in verschiedenen Formen
hinüber nach dem griechischen Mutterland. Aus der tem-
perenzlerischen Askese, die sich an das mit der Seelenwanderungslehre zusammenhängende Verbot des Fleisch-
genusses ankrystallisirte, und einem der alten pythagoreischen Gemeinde fremden Cultus der Persönlichkeit entwickelte sich das Credo einer plebejischen, von der attischen Komoedie des 4. Jahrhunderts gern verspotteten
Secte, die sich vielfach mit den Kynikern berührte, wie
denn auch Onesikritos dem indischen Büsser gegenüber
Pythagoras neben den kynischen Heiligen Sokrates und
Diogenes als Meister des naturgemässen Lebens nennt.
Die philosophische und wissenschaftliche Erbschaft des
Pythagoreismus trat die platonische Akademie an. In ihr
aber und später neben und unabhängig von ihr blühte
eine Art von gebildetem Pythagoreerglauben auf, der
sehr viel mehr an altpythagoreische Propheten, wie es
z. B. der Dichter Empedokles war, gemahnt als an die
bei aller transscendentalen Speculation doch strenge
Wissenschaftlichkeit Platos. Der Hauptträger dieser Bewegung war ein Schüler des greisen Plato, Herakleides von
Heraklea, der bald nach dem Tode des Meisters, ärgerlich
darüber dass er einmal bei der Wahl eines Schulhauptes
der Akademie übergegangen wurde, in Heraklea eine
Sonderakademie gründete. Herakleides war ein sonder-
bares Gemisch von Prophetenthum und Charlatanerie, von

tiefsinniger Schwärmerei und nach Effect haschender Viel-
geschäftigkeit, alles in allem ein den Platonismus zum
Pythagoreerthum zurückführender Bildungsmagier, der
noch die meiste Aehnlichkeit mit manchen Gestalten der
Romantik hat. Er schrieb über alles und jedes und hatte
glänzenden Erfolg mit seinen Dialogen, welch classische
Form philosophischer Schriftstellerei er durch massenhaft
eingestreute Erzählungen und seltsame Geschichten unter-
haltender und populärer machte. Daneben scheint er auch
die Erzählung als solche gepflegt zu haben; am wirk-
samsten waren die romantischen Spukgeschichten von
Seelen die den Körper, während der Mensch noch lebte,
verliessen und selbständig in der Welt spazieren giengen,
oder die Schilderungen der Hölle und der himmlischen
Heimath der Seelen, alles alte Lieblingsthemata der pythagoreischen Predigt, die in modernem, raffinirtem Aufputz
wieder erschienen. Wie wir vermuthen müssen, hat
Herakleides viele Nachfolger gefunden: denn Plutarch
bemerkt einmal dass die mit Wunder- und Spukgeschichten verbrämten Discussionen über die Seele eine sehr
beliebte und populäre Lectüre seien. Gerade für das
Romanhafte war dies Grenzgebiet zwischen den edelsten
Hoffnungen und abergläubischer Ueberbildung ein sehr
günstiges Feld.

Die Pythagoreer waren ursprünglich eine wirkliche,
später wenigstens noch eine geistige Gemeinde; wie jede
Gemeinde hatten sie ihren Heiligen, den Pythagoras.
Zu einem Heiligen gehört eine Legende, und sie hat die
Gestalt des Pythagoras so dicht überwuchert, dass von

echter Ueberlieferung so gut nichts übrig geblieben ist. Beachtenswerth ist dass viele Züge der apollinischen und der mit dieser zusammenhängenden Legenden auf den Propheten übertragen sind und umgekehrt; zwischen jenen wandernden Apollopriestern des 6. Jahrhunderts, von denen früher die Rede war, und den pythagoreischen Propheten hat es sicherlich an geistigen Verbindungsfäden nicht gefehlt. Bei Herakleides spielte die Pythagoraslegende eine grosse Rolle, aber ein Leben des Pythagoras, natürlich ein trotz aller Zurückhaltung den Wundergeschichten gegenüber im wesentlichen romanhaftes, hat aus ihr zuerst Aristoxenos zusammengeklittert, ein gescheuter und gebildeter, aber fanatischer und verlogener Prediger des orthodoxen Pythagoreerthums. Er versäumte auch nicht dem leuchtenden Lebensbild seines Heiligen Sokrates und Plato in hässlichen, boshaft entstellten Fratzen gegenüberzustellen. Ein anderes Element kam hinzu um einer Art von litteraturgeschichtlich-biographischem Roman in dieser Zeit, der zweiten Hälfte des 4. Jahrhunderts, zur Entstehung zu verhelfen. Die pythagoreischen Musiktheoretiker waren, als enthusiastische Anhänger der alten Musik und erbitterte Feinde der, stark an die moderne Zukunftsmusik erinnernden, Neuerungen der grossen Dithyrambiker des 5. und 4. Jahrhunderts, früh darauf gebracht die Geschichte der Musik und damit auch der Lyrik und der Tragoedie zu untersuchen. Herakleides hat diese Anfänge, unterstützt durch die platonische, lange nicht genug bekannte und geschätzte, Kunstlehre weitergeführt, freilich in seiner wunderlichen, feier-

lich-romantischen und dann wieder effectvoll amüsanten
Manier. Der Individualismus der Zeit, der jede Dichtung
nur ansah als das bewusste, von dem Moment des Schaffens
wesentlich abhängige Gebilde eines einzelnen Menschen,
lockte dazu hinter dem Kunstwerk den Künstler zu suchen.
Das kam alles zusammen um einen Zeit- und Studien-
genossen des Herakleides, Chamaeleon, ebenfalls aus Heraklea, dazu zu bringen dass er aus den reichlich vorhandenen Ansätzen die romanhafte litterarische Biographie
schuf. Man wusste von den alten Dichtern im Grunde
sehr wenig oder gar nichts: diesem Mangel wurde nun
gründlich abgeholfen. Aller Klatsch dessen man nur
habhaft werden konnte, all die losen, frivolen Witze mit
denen die attische Komoedie des 5. und 4. Jahrhunderts
die Gestalten der nationalen, allbekannten Dichter über-
schüttet hatte, wurden zusammengesucht; und noch mehr
ergab eine Interpretations- oder richtiger Schnüffelmanier
wie sie jetzt in den Auswüchsen der Goethephilologie ihr
Wesen treibt. Wehe dem Dichter der einmal den Eros
gefeiert hatte, dahinter steckte sicher ein pikantes Verhältniss; wurde er gallig und bitter, so hatte persönliches
Missgeschick, Concurrenzneid etc. daran den Hauptan-
theil u. s. w. u. s. w.

Zum Schluss muss ich noch einmal auf die romanhafte Geschichtschreibung zurückkommen. Die Ionier und
ihre Nachfolger zur Zeit Alexanders hatten allerdings die
Kunst des Erzählens schon zu einer sehr bedeutenden
Höhe erhoben, sie hatten, was ich noch besonders her-
vorheben will, die behagliche Breite der ionischen Historie

umgeformt zu einer geschickten Mischung der Erzählung
mit eingelegten Schilderungen und Episoden: aber es
fehlte an einer festen Kunstform welche den Schriftsteller
zum sicheren Herrscher seines Stoffes machte, und besonders an einem historischen Stil; denn weder die glatten,
abgezirkelten, auf die Dauer monotonen isokratischen Perioden noch die zerhackte, unruhige, ihre Mittel ver-
zettelnde Prosa der Alexanderhistoriker erwiesen sich als
eine für den Mund der Klio passende Rede. Den Stil
brachte die Kunstlehre des Aristoteles, eines der genial-
sten und tiefsten Producte dieses unübertroffenen Beob-
achters der menschlichen Natur. Er lehrte dass ein Stil
nicht für alles passe, dass er sich dem Gegenstand, den
redenden Personen anschmiegen müsse. Er fand den
richtigen Begriff der Periode, die Freiheit und Ebenmass
vereinigen soll; er bestimmte die Grenzen zwischen Poesie
und Prosa, welche die Nachfolger der Ionier in ihrer
Masslosigkeit zu verwischen drohten. Für die Kunst der
Geschichtschreibung war am wichtigsten die Forderung
dass der Stil nicht nur schmücken, dass er auch charakterisiren müsse, und die Lehre wie man beschreiben solle,
sinnlich, anschaulich bis in die kleinsten Züge, die Attri-
bute müssten die Vorstellung des Lebens und der Bewegung geben. Ich führe nur ein kurzes Beispiel vor
aus der Erzählung eines peripatetischen Historikers, des
Phylarchos, von der Flucht des Königs Kleomenes von
Sparta nach der Schlacht bei Sellasia, die ihm seinen Thron
kostete, ganz zu schweigen von seinen hochfliegenden
Plänen Griechenland unter spartanischer Führung zu

einigen; die Erzählung ist bei Plutarch erhalten. „Als er
nach Sparta zurückgekehrt war, ermahnte er die Bürger,
die ihm entgegenzogen, den Feind ohne Widerstand
aufzunehmen, er selbst werde im Leben und im Tode
nur so handeln wie es für Sparta gut sei. Er sah zu
wie denen welche mit ihm geflohen waren, ihre Frauen
entgegeneilten, ihnen die Waffen abnahmen und zu trin-
ken brachten, und trat selbst in sein eigenes Haus. Das
Mädchen das er nach dem Tode seiner über alles gelieb-
ten Frau hatte zu sich nehmen müssen, kam, wie sie es
gewohnt war wenn er vom Ausmarsch heimkehrte, heran
und wollte ihm Erfrischungen reichen, aber er nahm
keinen Tropfen zu sich, setzte sich nicht hin, sondern
legte, so wie er war, ohne den Panzer auszuziehn, den
Arm auf eine Säule und sein Gesicht darauf. So ruhte
er sich eine kurze Zeit aus, alle möglichen Pläne im
Geist überfliegend, und eilte dann mit seinen Begleitern
ans Meer zu dem bereit liegenden Schiff, das ihn zum
König Ptolemaeos von Aegypten bringen sollte.“

Dies Gemälde von der zerschmetternden Gewalt der
Niederlage, über welche den anderen das häusliche Glück
hinweghilft, während dem Wittwer der Jammer des
verödeten Hauses sie noch verdoppelt, von dem im Unglück ungebrochenen Stolz des edlen Königs, dies Gemälde das bis auf jede Einzelheit klar und anschaulich
vor uns vorüberzieht, ist freilich nicht mehr Geschichtserzählung, es ist ein Kunstwerk dessen sich kein moderner
historischer Roman zu schämen brauchte.

Was nun die Anordnung und Gestaltung des Stoffs

8*

anbetrifft, so hat hier Aristoteles direct nicht eingegriffen; denn er hielt persönlich von der Geschichtschreibung nichts und sah in der Geschichte nur einen riesigen Haufen von Materialien aus dem sich politische und ethische Theorien entwickeln liessen. Aber schon bei seinen nächsten Schülern wurde das anders; leider wissen wir wenig mehr als dass sie sich eifrig mit der historiographischen Kunst beschäftigt haben; ihre Lehren lassen sich nur mühsam errathen. Die Hauptsache war die dass dem Historiker eine ähnliche Aufgabe zugewiesen wurde wie dem Tragiker, d. h. dem Tragiker nach der Theorie des Aristoteles; er soll rühren, Furcht und Mitleid erregen durch den künstlerischen Aufbau und die plastische Schilderung erschütternder Begebenheiten; an die Stelle der Götter und Orakel tritt, charakteristisch für die entgottete Zeit und die entgottete Philosophie, das blinde, grausame, menschenverfolgende Walten der Tyche. Da wie die Theorien so auch die nach den Theorien geschriebenen Geschichtswerke verloren gegangen sind, können wir über die Kunst der Composition, über die Art die geschichtlichen Gestalten zu charakterisiren und vieles andere nur wenig vermuthen; dass sehr bedeutende Kunstwerke, echte historische Romane darunter waren, das beweist uns der Römer der mit feinstem Kunstverständniss die griechischen Vorbilder nachgeahmt und ins Römische umgesetzt hat, ich meine Tacitus, den man nicht den letzten grossen antiken Historiker, wohl aber den letzten grossen antiken Dichter nennen sollte.

V

Nachdem unter Alexander die Fluthwelle der makedonischen Eroberung und der griechischen Civilisation am
weitesten nach Osten vorgedrungen war, ebbt sie in der
Folgezeit allmählich zurück. Zwar giebt es kein besseres
Zeugniss für die Wirkung der Siege Alexanders und für
die Grösse seines organisatorischen Genies als dass nach
seinem Tode die Orientalen den Kämpfen die ihre makedonischen Besieger unter sich aufführen, ruhig zusehen
und, die indischen Vasallenstaaten ausgenommen, die Gelegenheit nicht benutzen vom eigenen Haus wieder Besitz
zu ergreifen: aber das bewirken doch die Diadochenkriege
und die in ihnen herangereifte, am rücksichtslosesten von
den aegyptischen Ptolemaeern gepflegte Politik des Gleich-
gewichts, dass die politische Bewegung wieder in die enge
Sphaere des östlichen Mittelmeers gebannt wird. Zwischen
den neuen Grossmächten entbrennt von neuem der Kampf
um die Herrschaft im aegaeischen Meer, von dem Alexander
das Hellenenthum erlöst zu haben schien, und die Dynastie
des Seleukos, die Alexanders Werk fortzusetzen berufen

und wie es scheint, anfangs auch gewillt war, wurde
durch die Ptolemaeer gezwungen den Schwerpunkt ihres
Reiches in das semitische, seiner nationalen Kraft schon
durch die Assyrer beraubte Syrien zu verlegen und die
Hellenisirung Irans zurückzustellen. Das rächte sich
schwer: schon in der Mitte des 3. Jahrhunderts leitet die
Erhebung eines Nomadenhäuptlings in Parthien die iranische
Reaction ein, und im 2. Jahrhundert hat das Partherreich
der Arsakiden die Seleukiden über den Euphrat zurück-
geworfen. Im fernsten Osten, nördlich und südlich vom
Hindukusch, bis nach Kaschmir, haben kräftige griechische
Herrscher das baktro-indische Reich als einen isolirten
Posten des Hellenismus lange und rühmlich gehalten, bis
sie mongolischen Stämmen erlagen, deren gefährliche Vor-
stösse aus dem Tarymbecken gegen das Ende des zweiten
Jahrhunderts beginnen.

Den Hellenen und den hellenistischen Staaten schwan-
den diese östlichen Vorgänge mehr und mehr aus dem
Gesichtskreis; denn ihnen rückte allerdings nach 200 ein
Gegner auf den Leib, der schlimmer war als die Parther.
Rom wurde in die Händel der hellenistischen Grossmächte
hineingezogen von den Kleinen, die sich Luft zu ver-
schaffen suchten, den griechischen Confoederationen, der
Republik Rhodos, den pergamenischen Königen. Die
Römer kamen als Befreier; nach zwei Menschenaltern
seufzten diejenigen welche die Freiheit sich hatten schen-
ken lassen, ebenso wie ihre wirklichen oder vermeintlichen
Unterdrücker unter dem harten Joch des römischen
Adels und der römischen Banquiers. Makedonien und

Pergamon verschwanden, und Syrien und Aegypten san-
ken zu schattenhaften Existenzen hinab, um im letzten
vorchristlichen Jahrhundert ebenfalls der directen oder in-
directen römischen Oberherrschaft zu verfallen. In schwerer
Agonie geht die römische Adelsrepublik zu Grunde, und
an ihre Stelle tritt das Weltreich der Caesaren, die durch
Reorganisation des Heeres, durch Schöpfung eines Be-
amtenstandes eine Fülle von schlummernden vortrefflichen
Kräften in Bewegung setzen zum Schutz und zur Erhal-
tung von Ordnung und Gesittung. Die orientalische
Mission des Griechenthums hört auf; der letzte ernsthafte
Gegner Roms im Osten ist ein Orientale, Mithridat, und
mit der gelegentlich recht unbequemen Nachbarschaft des
Partherreichs suchen sich die Kaiser abzufinden so gut
es geht.

Die Monarchie Caesars des Vaters und des Sohnes
bringt den Prozess zum Abschluss, der schon seit Sullas
mithridatischen Kriegen im vollen Gange war; Rom wird
an Stelle von Alexandrien, Pergamon, Rhodos der Mittelpunkt für die griechische Litteratur; nur die Talente und
die Richtungen die sich in der Weltstadt durchgesetzt
haben, gewinnen die Führung, und die griechischen so
gut wie die römischen Bildungskreise werden ersetzt durch
die griechisch-römische Gesellschaft. Von der caesarisch-
ciceronischen Zeit bis zum Sturz Neros liegt nicht nur
die politische, sondern auch die geistige Führung bei den
Römern; die griechischen Litteraten dieser Epoche sind
eigentlich nichts als die Schulmeister und geistigen Hand-
langer ihrer römischen Herren; um von den Dichtern zu

schweigen, so stehen Cicero, Livius, Seneca bergehoch über
den gleichzeitigen griechischen Professoren der Philosophie
und Rhetorik. Das ändert sich sehr rasch unter den
Flaviern. Plutarch von Chaeronea und Dion von Prusa
sind zwar nicht schöpferische Geister, aber sie haben der
griechisch-römischen Gesellschaft, als sie im Schlummer
des Reichsfriedens zu verkommen drohte, die hellenische
Weltanschauung bester Zeit in sehr achtungswerther Form
gepredigt; weil sie selbst als Männer von Muth und Gesinnung auftraten, gaben sie den hellenischen Unterthanen
der Römer ihr Selbstgefühl, ja das Bewusstsein ihrer
geistigen Ueberlegenheit wieder. Die Kaiser Nerva und
Trajan sind klug genug gewesen mit diesem neu- oder
wiedererstandenen Factor zu rechnen, und Hadrian ist
der erste der mit dem Princip des Weltreichs insofern
Ernst macht als er alle Vorurtheile des Lateiners bei
Seite wirft und das regste Interesse für den griechischen
Osten zur Schau trägt. Unter ihm ist, wenn man ein
ehrliches Urtheil abgeben will, die lateinische heidnische
Litteratur, abgesehen von der Jurisprudenz, todt und erwacht erst im 3. Jahrhundert durch die grossen afrikanischen Schriftsteller der christlichen Kirche, Tertullian
und Cyprian zu neuem Leben. Die griechische sinkt auch
merklich hinab; aber die ältere Tradition, die viel grössere
Fülle des verfügbaren Stoffes, die elastische Widerstands-
kraft des griechischen Geistes hielten den Prozess des
Verfalls erheblich länger auf, und die festen, immer wieder
sich herstellenden Organisationen der Philosophen- und
Rhetorenschulen boten geistiger Thätigkeit eine so lockende

Stätte, dass sie noch lange nicht darauf verzichtete wirkliche und scheinbare Früchte zu produciren.

Wie der Orient in den beiden letzten vorchristlichen Jahrhunderten die Eroberungen des Hellenismus wett machte, habe ich schon angedeutet. Schwerer ist es zu schildern wie er auch geistig vordringt. Ich muss es mir versagen auszuführen wie eine, in der Mitte des 2. vorchristlichen Jahrhunderts beginnende, religiöse Bewegung, die, an platonische Gedanken anknüpfend, im Hellenismus die Aufklärung und Indifferenz ablöst, sehr bald orientalische Elemente aufnimmt, kann auch auf die jüdische Propaganda hier nicht eingehn, sondern begnüge mich auf eine Entwicklungsreihe hinzuweisen, die, sehr im Dunkel liegend, gewöhnlich übersehen wird. Das Pythagoreerthum, das schon im vorigen Vortrag geschildert wurde, im Verein mit gewissen speculativ-mystischen Fortsetzungen des Platonismus verschwindet scheinbar längere Zeit aus der griechischen Entwicklung um dann plötzlich an Stellen aufzutauchen, wo man es nicht erwarten sollte, nämlich innerhalb des alexandrinischen Reformjudenthums und in dem Rom der caesarisch-augusteischen Zeit, also gerade der Periode in welcher der Alexandrinismus siegreich in Rom einzog. Natürlich ist der Pythagoreismus des 1. vorchristlichen Jahrhunderts nicht derselbe mehr wie der im vorigen Vortrag geschilderte. Das religiöse Gauklerwesen, immer seine bedenklichste Seite, ist noch gesteigert durch die fremden Culte, die der Isis, des Serapis, des Mithras, die sich in die ursprünglich rein hellenische Pythagoreerreligion eingeschlichen haben. Chaldaeische Astrologie, aegyptische Magie haben mit dem alten Seelenspuk einen traulichen Bund geschlossen, und mit der hergebrachten Zahlenspeculation und der platonischen Verachtung der Materie sind Fetzen von stoischem Pantheismus und iranischem Dualismus eine krause und verworrene Mischung eingegangen, die am allerkrausesten, um nicht zu sagen absurd, wird, wenn gebildet sein wollende jüdische Rabbiner wie Aristobul und Philo sie in das Alte Testament hineinallegorisiren. Das Vegetarianerwesen, eine mehr feierliche als scharf durchgeführte Askese, die Neigung zur Geheimbündelei, alles Erbschaften des alten Pythagoreerbundes, stehen in schnurrigem Gegensatz zu der hochgesteigerten materiellen Cultur und den festgefügten Beamtenstaaten des Hellenismus.

Wenn kein falscher Schein mich trügt, so ist dieser religiös-philosophisch-magische Synkretismus zusammengebraut in der aegyptischen Weltstadt, in Alexandrien. Alexandrien war das Centrum der exacten Wissenschaften, der streng observirenden und nach festen Grundsätzen die litterarische Kritik übenden Philologie, aber es war, wie die alexandrinische Poesie deutlich zeigt, auch eine Zufluchtstätte der Romantik. Die koische Dichterschule vor allem, die unter dem glänzenden Regiment des zweiten Ptolemaeers ihren Sitz von der lieblichen, stillen Insel in den Lärm der Grossstadt und die schimmernde, aber schlüpfrige Pracht des reichsten Hofes der Welt verlegte, sah ihre Aufgabe in der Pflege des Volksthümlichen, und zum Volksthümlichen gehört der Volksaber-

glaube. Das aesthetische Gefallen der Dichter am Zauberspuk und Beschwörungswesen pflegt leicht in weniger
aesthetisch gebildeten Kreisen realere Neigungen zu wecken.
Dazu kommt der Mangel jeder nationalen Religion und
die verblüffende Weitherzigkeit die man in Alexandrien
allem Orientalischen und Aegyptischen gegenüber bewies.
Weil die Fellahs so leicht sich fügten, verzichtete man hier
auf das Hellenisiren von vorne herein und fand im Gegentheil das fremde nicht gefährlich, sondern amüsant; dies
war die Stelle wo der chaldaeische Astrologe, der iranische
Magier, der aegyptische Zauberer am leichtesten in die
Zunft der hellenischen Beschwörer und Wanderpfaffen
eindrangen; der Serapis- und Isiscult wurde mit all seinem
Orakel- und Mysterientreiben jetzt von Alexandrien aus
eine Macht im geistigen Leben der Hellenen und steigerte
in ihrer Religion das Abergläubische in demselben Mass
wie er ihr das Nationale nahm. Endlich fehlte der
glänzenden Cultur Alexandriens das edelste und feinste
Gewächs des hellenischen Geistes, die Philosophie. Man
wünschte sie dort gar nicht; dem geistigen Streben genügte die beobachtende Wissenschaft und die Poesie, und
dem grellen Licht einer vernunftgemässen Welterklärung
zog man das romantische Helldunkel der Anempfindung
an das Schöne oder auch nur das Merkwürdige vor. Die
rationalistische Aufklärung war wohl da, sie schuf witzige
Umdichtungen der Sage, auch boshafte Parodien der
Pythagoraslegende, aber jenem Synkretismus kam sie
nicht bei, da sie nur Spielzeug und nichts Positives
producierte.

So lange die alexandrinische Poesie und Wissenschaft
sich auf ihrer Höhe hielt, blieb dies synkretistische Ge-
triebe eine Unterströmung; als jene aber in der Mitte
des zweiten Jahrhunderts zurückgieng, als vor allem die
Bildung, statt in einem kleinen Kreis intensiv gepflegt zu
werden, sich in der griechisch-römischen Gesellschaft weit
ausbreitete und ihre ursprüngliche Frische, ihr lebendiges
Gleichgewicht verlor, da gewann der Synkretismus reissend
schnell an Boden. Orientalisch-aegyptische Frömmigkeit,
Zauberspuk, Sternseherei, Pythagoreerthum werden salon-
fähig und zwar nicht etwa in obscuren Provinzialstädten,
sondern in Rom, in den Kreisen die auf Bildung Anspruch
machen. Natürlich nehmen die auf diese Weise avan-
cirten fremden Gäste sehr bald auch hauptstädtischen
Schliff an; die pythagoreische Askese, stets massvoller als
die kynische, hält sich in aesthetisch zulässigen Grenzen;
die Moral der jetzt in Masse auftauchenden pseudopytha-
goreischen Schriften passt sich der Durchschnittsethik der
gebildeten Kreise an; zum Theil geben sich diese Neupytha-
goreer direct mit wissenschaftlicher Forschung und Schriftstellerei ab. Ein Kennzeichen ist aber charakteristisch
für den ganzen Neupythagoreismus: er ist nicht eigentlich
eine Philosophie, sondern eine geistige Stimmung, die
erst verständlich wird und wirkt, wenn eine geeignete und
geschickte Persönlichkeit mit dieser Stimmung die Welt
und die Menschen beleuchtet. Seine Ethik ist originell
nur dadurch dass die Frömmigkeit, die Reinheit und
Heiligkeit zu Hauptforderungen aufrücken und als Lohn
besondere göttliche Offenbarungen, Weissagung und Wunder-

kraft verheissen werden. Heilige Männer braucht diese
neupythagoreische Gemeinde, gebildete und ungebildete,
je nach dem Publicum; und es gab auch solche die beiden
Schichten gerecht wurden. Einer dieser Heiligen war
Apollonios aus Tyana in Kappadokien, ein Zeitgenosse
Neros und der Flavier, offenbar eine jener Gestalten wie
sie für religiöse Gährungsperioden charakteristisch sind,
die nur der oberflächliche Philister schlankweg zu den
Betrügern wirft und denen gegenüber der ruhige Be-
trachter Bedenken trägt zu entscheiden wo die Heiligkeit
aufhört und die, wie es scheint, von einem echten Heiligen unzertrennliche pfiffige Schauspielerei und Geschäfts-
praxis anfängt. Apollonios hat sich als Schriftsteller versucht; er hat die Pythagoraslegende zu einer grossen,
von abenteuerlichen Schwindeleien strotzenden Heiligen-
geschichte ausgebaut, die glänzenden Erfolg hatte, und
ausserdem ein Buch geschrieben wie die Götter zu verehren seien, offenbar ein Versuch dem Cultus, dessen Ansehen durch die Philosophen sehr gelitten hatte, neues
Leben einzuhauchen. Wichtiger aber als seine Bücher
war das persöuliche Wirken des Mannes, seine Prophezeihungen, seine Wunder, sein enthaltsamer Wandel; er
stellte den heiligen Pythagoras der entarteten Welt nicht
nur im Buche dar, nein er spielte ihn ihr leibhaft vor
und übertraf womöglich das Original noch. Seiner fasci-
nirenden Persönlichkeit gelang es sogar anerkannte Philosophen für sich zu gewinnen; andere freilich, die in
diesem neupythagoreischen Treiben mit Recht einen gefährlichen Feind der strengen Schulphilosophie sahen,

ferner die Aufklärer und der unliebenswürdige, herrische,
aber ein tüchtiges Regiment führende Kaiser Domitian
wollten von dem Zauberer nichts wissen. Es versteht
sich ganz von selbst dass um einen solchen Mann in
dieser glaubensdurstigen Zeit die Legende üppig ins Kraut
schoss und die Wundergeschichten, die Prophezeihungen,
Beschwörungen, Zaubereien, der gegebene Stoff für eine
solche romanhafte Heiligenbiographie, litterarisch fixirt
wurden.

An Stelle dieser Legende, die ein gewisser Moeragenes
geschrieben haben soll, ist uns eine andere Biographie
des Heiligen von Tyana erhalten, die nämlich welche der
Rhetor Philostrat im Auftrag der Kaiserin Julia Domna
um 220, also über ein Jahrhundert nach Apollonios Tod,
verfasste. Das ist ein höchst merkwürdiger Roman.
Philostrat behauptet die schlicht, ja ungeschickt geschriebenen Aufzeichnungen des treuesten Begleiters des Apollonios, Damis, eines geborenen Syrers, von der Kaiserin
erhalten und zu einem lesbaren Werk umgeschrieben zu
haben. Bei näherem Zusehen stellt sich nun freilich, für
mich wenigstens, heraus dass dies eine reine Fiction ist,
die das jüngere Werk gegenüber den älteren des Moeragenes und vielleicht auch anderer legitimiren sollte und
legitimiren musste, weil der in kaiserlichem Dienst
schreibende Rhetor die Apollonioslegende sehr stark er-
weitert und umgearbeitet hatte. Man wird schon glauben
dürfen dass die Wunder die er erzählt, die zahlreichen
Fälle in denen Apollonios seine Gabe die Zukunft vor-
herzuwissen bewährt, von Philostrat der Ueberlieferung

nacherzählt sind. Gerade um dieser Stücke willen hat
man das Buch wohl als ein heidnisches Gegenstück zur
Geschichte Jesu auffassen wollen. Von allem anderen zu
schweigen, ist aber die Aehnlichkeit nur eine ganz allgemeine; nirgendwo findet sich auch nur die allergeringste
Beziehung auf sicher christliches, und ich vermag keine
Spur sei es nun einer Nachahmung, sei es einer Polemik
zu finden. Eine Probe mag zur Charakteristik dieser
Mirakel genügen. Als die grosse Seuche Ephesos ver-
heerte, die Apollonios schon in dunklen Sprüchen vorher-
gesagt hatte ohne verstanden zu werden, schickten die
Ephesier nach Smyrna, wo er sich gerade aufhielt, und
baten ihn zu kommen um sie von der Seuche zu befreien. Er kommt auch, verspricht noch an demselben
Tage der Seuche ein Ende zu machen und heisst die
ganze männliche Bevölkerung ihm ins Theater folgen.
Da sass ein alter, in Lumpen verkommener Bettler.
„Sammelt Steine, so viel ihr könnt, und werft sie auf
diesen Gottverfluchten" ruft Apollonios den Ephesiern
zu. Die tragen Bedenken den armen, flehentlich um
Gnade rufenden Schächer umzubringen und fangen erst
an zu werfen, als Apollonios seine Aufforderung wiederholt. Der vermeintliche Bettler öffnet die bis dahin ge-
schlossenen Augen; sie sprühen Feuer. Die Ephesier erkennen dass er der Pestteufel ist, und decken ihn mit
einem Haufen von Steinen zu. Als sie auf Apollonios
Rath zusehen wers eigentlich gewesen ist, finden sie
unter den Steinen von dem Bettler keine Spur, wohl
aber den Leichnam eines Hundes von der Grösse eines

Löwen und mit Schaum vor dem Munde, als hätte er
die Tollwuth gehabt. An der unheimlichen Stelle wird
dem Herakles Apotropaeos ein Standbild errichtet.

Philostrat hielt sich für einen viel zu guten Schriftsteller um sich damit zu begnügen dass er solche Histör-
chen in zierlichem Griechisch der Ueberlieferung nach-
erzählte. In Nachahmung der späteren Pythagoraslegende
liess er Apollonios die indischen und aethiopischen Weisen
besuchen und hieng so der Biographie seines Heiligen
einen Reiseroman an, der erweislicher Massen nichts ist
als eine Reihe von, vielleicht mit einigen eigenen Erfindungen bereicherten, Lesefrüchten aus den hellenistischen
Reiseromanen. Dagegen werden so abenteuerliche mythologische Spielereien dem Philostrat selbst angehören wie
die Geschichte von dem Heros Achilleus, der Apollonios
erscheint, als er seinen Grabhügel besucht, und ihm allerhand Fragen über die Wahrheit der homerischen Erzählung beantwortet. Diese schon in älterer Zeit nachweis-
baren Spiele des Witzes sind eine besondere Liebhaberei
Philostrats, der ihnen ein specielles Werk gewidmet hat,
in dem der Heros Palamedes einem biederen Landmann
das genaueste und mit Homer keineswegs übereinstim-
mende Detail über die Helden des troischen Kriegs vor-
erzählt.

Zu dieser Verstärkung des teratologischen steht in
sonderbarem Gegensatz, dass Philostrat bei den Mirakeln
im Gegentheil das Wunderbare abschwächt und mildert.
Apollonios ist mit seinen Kräften und Gaben recht haus-
hälterisch, er selbst führt nichts von dem aus was er bei

den Indern gesehen hat, steht nicht in der Luft, zaubert sich keine Mahlzeit aus der Erde oder was derartige Scherze mehr sind; er beschwört nicht, macht nur ein einziges Mal Gebrauch von der Kraft zu verschwinden und sich in einem Augenblick an einen viele Meilen entfernten Ort zu begeben — übrigens ein Zug der in allen pythagoreischen Legenden vorkommt —, und behauptet im Grunde nur, durch seine Enthaltung von Fleisch und Wein sowie durch seinen heiligen Wandel seine Seele so rein von schädlichen und trübenden Einflüssen des Körpers gehalten zu haben, dass sie, im Vollbesitz ihrer Kräfte, vermag die Daemonen zu erkennen und die nächste Zukunft vorauszusehen. Philostrat will geradezu der gewöhnlichen Ueberlieferung gegenüber beweisen dass Apollonios kein Zauberer gewesen sei. Er und die Kreise für die er schrieb, waren offenbar zu gebildet als dass sie mehr als eine kleine Dosis übernatürlicher Kräfte bei dem Idealbild eines Pythagoreers vertrugen; sie fürchteten den Spott der Aufklärer, wie Philostrat selbst an einer sehr merkwürdigen Stelle verräth.

Philostrat war ein Rhetor und musste nach den festen Regeln der Rhetorik es für eine besondere Aufgabe seiner Kunst halten dem Apollonios so viel Lob anzudichten als ihm passend schien; die historische Wahrheit darum zu corrigiren, war nicht nur erlaubt, sondern geboten, vorausgesetzt dass es geschickt gemacht wurde. So hat er sich nicht entblödet die Rolle die in Wahrheit Dion von Prusa als Prediger griechischer Zucht und griechischer Humanität gespielt hat, auf seinen Helden umzuschreiben

und Dion dafür zu einem wohlmeinenden, aber des heiligen
Ernstes entbehrenden Schönredner zu stempeln. Inter-
essanter noch ist die Stellung die er Apollonios gegenüber
den Kaisern anweist. Er ist ein wüthender Gegner Neros
und macht in Gades den römischen Statthalter auf Vindex
zu einer Zeit aufmerksam, wo dieser seinen Aufstand
noch gar nicht begonnen hatte. Noch schlimmer spielt
er Domitian mit, der die Philosophen und pythagoreischen
Prediger durch Ausweisungen gereizt hatte und daher in
ihrer Ueberlieferung eben so schlecht wegkam wie in
der der römischen Aristokratie. Gegen ihn wagt Apollonios die kühnsten Aeusserungen und wird schliesslich dem
Kaiser verdächtig. Freiwillig geht er nach Rom trotz alles
Zuredens seiner Freunde, wird verhaftet, misshandelt, steht
dem Kaiser Rede mit kurzen Antworten und verschwindet durch Zauberkunst während der Verhandlung um
seine römischen Freunde nicht zu compromittiren, nachdem er genügende Proben seines Muthes vor dem gefürchteten Herrscher abgelegt hat. Eine lange Vertheidigungs-
rede, die er ausgearbeitet hatte, aber vom Kaiser vorzu-
tragen verhindert wurde, wird uns von dem Rhetor, der
ein solches segensreiches Verbot nicht zu fürchten braucht,
nicht geschenkt. Der wahre Vorgang ist aus einer Spur
bei Philostrat noch zu errathen: Apollonios scheint allerdings auf Domitians Befehl verhaftet zu sein, hatte sich
aber die Haare, das Symbol des freien Philosophen, abgeschnitten und dem Kaiser einen demüthigen Brief geschrieben, worauf sich dieser begnügte ihm den Aufenthalt
in Rom zu verbieten.

Ganz anders stellt sich der Heilige zu dem guten Kaiser Vespasian. Diesem geben der Stoiker Euphrates und Dion von Prusa den Rath, jener den Römern die Freiheit zu schenken, dieser ihnen die Wahl zwischen der Freiheit und der Monarchie zu lassen. Apollonios tadelt sie scharf wegen solcher unausführbaren Utopien und räth Vespasian auf das dringendste die Monarchie zum Heil der Welt zu übernehmen. Ihm, der direct unter dem Schutz der Götter stehe, könne es ja einerlei sein; aber die grosse Masse der Menschen bedürfe eines guten und gerechten Hirten, und die für das Wohl aller sorgende Monarchie sei die wahre Freiheit.

Diese Erfindungen, die viel mehr als die Mirakel den Gipfelpunkt des sorgfältig und geschickt componirten Romans bilden, gewinnen Bedeutung durch die Erwägung dass Philostrat im Auftrag der Mutter des Kaisers Alexander Severus schreibt. Dieser wohlwollende, aber schwächliche Idealist huldigte einem weitherzigen religiösen, aber bildungseifrigen Synkretismus und hieng gerne constitutionellen Träumen nach, die in den stadtrömischen Kreisen ausschweifende Hoffnungen erweckten. Ganz ähnliche Gespräche wie sie Philostrat vor Vespasian halten lässt, verlegt ein gleichzeitiger, dem Kaiser nahestehender Historiker Cassius Dio in die Zeit der Begründung der Monarchie durch Augustus. Philostrat fühlte sich offenbar um des Hofes willen verpflichtet den pythagoreischen Heiligen dadurch am höchsten zu erheben, dass er ihn zum uneigennützigen, muthigen Freund der aufgeklärten Monarchie machte; wenn der republikanische Stoiker

Euphrates bei Vespasian um Geld bettelt, bei Domitian die nichtsnutzigsten Intriguen anzettelt, so ist die Absicht deutlich die Stoiker, die als Rationalisten vom Pythagoreerthum nichts wissen wollten, dagegen die traditionellen Freunde und Berather der oppositionellen Aristokratie waren, in den Augen des Hofes und des Publicums gründlich zu discreditiren.

Wie es nach dem oben geschilderten Wesen des alexandrinischen Synkretismus nicht anders zu erwarten ist, spielt in der erzählenden Litteratur der Kaiserzeit der Zauber- und Hexenspuk eine hervorragende Rolle. Das römische Epos braucht ihn als stehendes Decorationsmittel; die Zaubereien der Medea, die grässlichen Todtenbeschwörungen der thessalischen Hexen bei Ovid und Lucan sind nur hervorstechende Beispiele unter einer unzähligen Menge. Der sehr effectvolle Gebrauch den die erotische Elegie, besonders die des Properz von der Zauberromantik macht, legt den Gedanken nahe dass schon die alexandrinische Erotik mit ähnlichen Mitteln hantirt hat. Sammlungen von Spukgeschichten sind uns noch erhalten; es ist bekannt dass aus einem solchen Buch, dem des Phlegon von Tralles, Goethe den Kern der Fabel von der Braut von Korinth entliehen hat; drastisch parodirt figuriren sie in einem der wenigen wirklich witzigen Dialoge Lucians, in dem „Leichtgläubigen", der ebenfalls durch ein Goethesches Gedicht, den Zauberlehrling, Bedeutung für unsere Litteraturgeschichte gewonnen hat. Zum Roman wuchsen an und für sich diese Spukgeschichten nicht aus, die sich nur für die Einzelerzählung, die

Episode eignen, und ich könnte sie hier ganz übergehn,
wenn nicht durch einen Zufall sie doch einmal zur Bildung eines Romans geführt hätten, der uns zwar nicht
im Original, aber in zwei, von einander unabhängigen und
sich darum ergänzenden, Bearbeitungen erhalten ist, einem
kurzen, fälschlich unter Lucians Namen gehenden griechischen Auszug, und der lateinischen, stark erweiterten und
geänderten Uebersetzung des afrikanischen Rhetors und
Philosophen Apulejus. Der Roman, der zwischen 100
und 150 entstanden sein wird, erzählte wie Lucius von
Patrae durch Zauber in einen Esel verwandelt wird und
nach vielen Schicksalen seine menschliche Gestalt wieder
erhält. Lucius erzählt seine Geschichte selbst. Er ist
auf einer Reise nach Larissa in Thessalien in der ebenfalls thessalischen Stadt Hypata bei einem älteren Gast-
freund eingekehrt, der mit seiner Frau und einer Magd
ein einsames Gartenhaus bewohnt. Schon unterwegs hat
er von Mitreisenden allerlei Schauergeschichten gehört
wie vorzüglich die Weiber in Hypata hexen könnten:
so habe eine Schenkwirthin einen unbequemen Concur-
renten in einen Frosch verwandelt, der nun in seinem
eigenen Weinfass herumzappele und quakend seine
Kunden begrüsse, eine andere einen Advocaten der sie
beschimpft, in Schöpsgestalt gesteckt u. s. w. Lucius
freut sich gewaltig darauf etwas von diesen Hexenkünsten
zu sehen, und als er nun gar gleich bei seinem ersten
Ausgang von einer ihm begegnenden bekannten Dame
gewarnt wird vor der Frau seines Gastfreundes, die ein
liebestolles, arges Zauberweib sei und jungen, hübschen

Leuten mit Vorliebe nachstelle, macht er sofort einen
Plan. Mit der Gemahlin seines Gastfreundes eine Lieb-
schaft anzufangen scheint ihm frevelhaft; der hübschen
und coquetten Magd gegenüber hat er keine Scrupel und
findet auch sofort Gegenliebe. Auf seine Bitte verschafft
sie ihm dann die Gelegenheit einmal durch die Thürritze
der Kammer ihrer Herrin zu sehen wie sie zaubert: sie
zieht sich aus, nimmt aus einem Kasten mit vielen Salb-
büchschen eine heraus und reibt sich damit ein; sofort
wachsen ihr Flügel, sie bekommt einen Schnabel und
fliegt schliesslich als Nachteule hinaus zu ihrem Liebhaber.
Lucius, der unbändig neugierig ist, möchte gern auch das
Fliegen probiren und bittet die Magd ihm doch das Salb-
büchschen aus der Kammer zu holen. Sie thut das auch,
Lucius salbt sich, bekommt aber keine Federn und keinen
Schnabel, sondern vier Beine, ein graues Fell, einen
Schwanz, verdächtig lange Ohren — er wird zum Esel. Die
Magd, die die Büchschen verwechselt hat, tröstet den
Aermsten, der mit langer Unterlippe und traurigen Esels-
augen sie anblickt, dass er um entzaubert zu werden nur
Rosen zu fressen brauche; sie werde sie ihm am anderen
Morgen holen; jetzt seis zu spät. So trollt Lucius als
Esel in den Stall, wo ihn sein eigenes Pferd und der
Esel des Gastfreundes als ungebetenen Krippengast sehr
übel aufnehmen. Während er traurigen Gedanken nach-
hängt, brechen plötzlich Räuber ein, plündern das ganze
Haus aus und beladen ihn nebst den anderen Thieren
mit der Beute. Schwerbepackt, auf steinigen Wegen,
unter einem Hagel von Prügeln sich fortschleppend steht

er unsägliches aus und möchte seinem Herzen gerne Luft
machen, wenigsten mit kurzem Stossgebet den Kaiser an-
rufen: aber alles Mühen bringt nur ein Ya hervor. Nun
macht er eine lange Kette von leidvollen Abenteuern durch,
in der Räuberhöhle, auf den Feldern eines reichen Herrn,
bei den Bettelpriestern der syrischen Göttin, in der Tret-
mühle, als Lastthier eines armen Gemüsebauers; endlich
als er bei dem Conditor und Koch eines reichen Herren
dabei ertappt wird dass er menschliche Diners verzehren
kann, beginnt die Verwicklung die zu seiner Entzauberung führt. Sie hängt mit einer natürlichen Eigenschaft
des Esels zusammen, die für den Griechen Meister Lang-
ohr zu dem komischen Thier par excellence macht, und
ist von so antik lebendigem Witz, dass ich sie hier an-
deutungslos übergehn muss.

Was uns an diesem Roman hinreisst, ist der lebens-
frische, saftige, ein wohliges Behagen erregende Realismus.
Und doch würden all diese köstlichen Bilder sofort aus-
einanderlaufen zu grauer, monotoner Plattheit, wenn sie
nicht gegeben wären als Beobachtungen des guten, dummen
Kerls, der das Unglück seiner Verwandlung mit derselben
unheroischen Fassung erträgt wie ein Philister eine Tracht
Schläge, wenn nicht die drollige Empfindung des Wider-
spruchs zwischen seinem Eselsleib und seiner Menschen-
seele, über die der Erzähler fortwährend philosophirt, das
Ganze in eine grotesk subjective Beleuchtung rückte. Es
liegt auf der Hand dass der ganze Roman eine dem Cer-
vantes Ehre machende Satire auf die mit der pythagoreischen Seelenwanderungslehre zusammenhängenden Zau-

bergeschichten ist, und zwar zielt die Satire auf einen
ganz bestimmten Schriftsteller. Denn wenn Lucius nach
seiner für ihn wenig rühmlichen Entzauberung im Amphi-
theater von Thessalonich dem Proconsul sich vorstellt als
einen Verfasser von Erzählungen, dessen Bruder elegischer
Dichter und Lehrer sei, so ist es klar dass hier bestimmte
Persönlichkeiten gemeint sind. Das boshafte, aber geniale
Pamphlet eines witzigen, aufgeklärten Mannes gegen die
Zauber- und Hexengeschichten bestätigt den Satz dass der
Realismus der Hellenen beschränkt ist auf das Gebiet des
Spottes und der Satire.

Aus Zaubergeschichten, Reiseromanen, Pythagoraslegende ist, ebenfalls im 2. Jahrhundert nach Christus, von
einem sonst nicht weiter bekannten Antonius Diogenes
ein tolles Fabelbuch zusammengebraut, die „Unglaubliche
Historie von den Dingen jenseit Thule". Man kann dem
Mann nicht vorwerfen dass er ängstliche Rücksichten auf
das Gefühl für Wahrscheinlichkeit genommen hat. Es ist
noch das Wenigste dass seine Helden um die Erde herum-
fahren und nach der äussersten Thule kommen; sie dringen noch viel weiter nach Norden vor, erst bis dahin wo
die Nächte ein halbes, dann bis dahin wo sie ein ganzes
Jahr dauern, und schliesslich spazieren sie auf den Mond
hinüber, weil er ihnen so bequem vor der Nase liegt.
Ein aegyptischer Zauberer ist der Bösewicht in der Geschichte; er bringt durch seine Kunst es fertig dass
Menschen am Tage todt sind und Nachts wieder aufleben,
so dass sie nach ihrem wirklichen Tode auf ihr Grab
schreiben lassen z. B. „Mantinias hat 42 Jahre und 760

Nächte gelebt", und was derartiger Unsinn mehr ist.
Die Pythagoraslegende kommt dadurch hinein dass einigen
der Reisenden ein Adoptivbruder des Pythagoras unterwegs begegnet, Astraeos, ein ganz wunderbarer Mann,
dessen Augen mit zu- und abnehmendem Mond die Farbe
wechseln: der erzählt ihnen von dem grossen Propheten.
Pythagoreisch ist auch noch vieles andere, so die Be-
strafung einer alten Schuld durch unerwartete, wunderbare Fügung des Schicksals, Astraeos Reise zum thrakischen Propheten Zamolxis u. s. w.

Andererseits ist dieser Reise- und Zauberroman dadurch merkwürdig dass in ihm die wunderbaren Schicksale eines fliehenden, in der Welt umherziehenden
Liebespaares zwar nicht die Hauptrolle spielen, aber doch
einen sehr breiten Raum einnehmen. Da tritt uns eine
eigenthümliche Gattung in Verquickung mit dem Reiseroman entgegen, die erotischen Erzählungen mit nicht
aus Sage und Geschichte genommenen, frei erfundenen
Personen und eben solcher Handlung. So nennen sie,
wenn man genau übersetzt, die Griechen: wir können sie
vom Standpunkt der modernen Litteraturgeschichte aus
Romane nennen, da sie thatsächlich für die Entwicklung
des modernen Romans von Wichtigkeit gewesen sind,
dürfen dabei aber nicht vergessen dass dieser Gattungs-
begriff ein durch die moderne Entwicklung geschaffener,
der antiken Litteratur fremder ist.

Die erotische Poesie des Hellenismus hat mehrfache
Wurzeln. Ihre classische Form, die Elegie, ist im An-
schluss an die altionische Elegie um 400 von dem

Kolophonier Antimachos, einem sehr bedeutenden Manne, geschaffen. Die ionische, an Feste, Culte, Oertlichkeiten sich anknüpfende Liebeslegende und die erotische Novelle, die beide in Unmassen in den ionischen Stadtchroniken steckten, ferner ein gleiches Material das von den Geschichtschreibern Unteritaliens und Siciliens, auch wohl von pythagorisirenden Forschern aufgestöbert war, lieferten der Erbin des Antimachos, der koischen, später alexandrinischen Dichterschule Stoffe die Hülle und Fülle. Eine sentimentale Schwärmerei für das Leben in der Natur, romantischer, in seiner eigentlichen Bedeutung noch immer nicht ganz aufgeklärter Mummenschanz mit dem Schäfercostüm, das die Dichter sich selbst und ihren Figuren beilegen, raffinirtes Ausmalen der Scenerie und der Empfindungen charakterisiren diese alexandrinische Erotik. Daneben macht sie starke Anleihen bei der Kunst des Euripides und der von diesem abhängigen jüngeren Komoedie, Anleihen die sowohl die psychologische Entwicklung als den Aufbau der Handlung betreffen. Der Grundton der erotischen Erzählung ist eine zierliche, mit raffinirtester Kunst hin- und herspielende, zur Einheit des Ganzen immer wieder zurückbiegende Schwermuth; eine heitere, gesucht volksthümliche, stilisirt realistische Stimmung ist den nur darstellenden, nicht erzählenden Scenen der Bukolik zugewiesen; den Mimus muss ich hier übergehn. Festzuhalten ist schliesslich noch dass die alexandrinische Poesie, wenn sie erzählt, nicht erfinden, sondern überliefern will, ihre Liebesgeschichten also als Cultlegenden, Verwandlungsgeschichten u. ä. vorsetzt:

in den frei componirten Scenen verwendet sie die stehenden, in den Anfängen der koischen Dichterschule festge-
setzten Namen des bukolischen Maskenspiels.

Von dieser sehr complicirten und schwer verständ-
lichen Erotik der Alexandriner, die den Dienst der Muse
streng nahmen und ihre Perlen nur einem kleinen Publicum feinster, nacharbeitend geniessender Kenner bestimmten, führt kein directer Weg zu jenen erotischen
Erzählungen, deren grobe Effecte und grelle Farben deutlich die Speculation auf den Geschmack der Masse verrathen; nichts bezeichnet schärfer die Differenz als dass
die alexandrinische Liebesgeschichte durchweg tragisch
schliesst, diese aber, mit einer Rücksicht auf das Publicum die schon Aristoteles an den schlechten Tragikern
seiner Zeit tadelt, die Handlung trotz der schauerlichsten
Abenteuer und fürchterlichsten Gefahren immer gut aus-
laufen lassen. Die alexandrinische Erotik hat erst die
Retorte der mit der Poesie wetteifernden und sie über-
bietenden hellenistischen und kleinasiatisch-syrischen Rhetorik passiren müssen um zu einem Trank für das grosse
Publicum zu taugen.

Aus der Vogelperspective gesehen, bietet die Geschichte
der griechischen künstlerischen Prosa das Schauspiel eines
von den ersten Anfängen bis zum letzten Verfall sich
immer wieder erneuernden, auf- und abwogenden Kampfes
zwischen zwei Stilprincipien. Das eine, das man das
Princip des Barockstils nennen kann, nimmt für die
Kunstprosa, für die „schöne Rede", wie die Griechen
sagen, die unmittelbar sinnlich wirkenden Mittel der

Poesie in Anspruch. Sie schliesst im Grunde nur aus
die stricte Durchführung des Verses; alles andere ist zu-
lässig; ein Reizmittel bringt die Prosa noch hinzu, das
ihr Manco gegenüber dem Klang des Verses mehr als
ausgleicht, den blendenden Witz, der in Antithese, Wort-
spiel, Metapher die heterogensten Dinge überraschend zusammenzubringen weiss. Das andere Princip, das des
Klassicismus, richtet zwischen Poesie und Prosa eine
strenge Scheidewand auf, beschränkt die Prosa auf die
ihrem Wesen entsprechenden Mittel, baut diese aber mit
sorgfältiger, Mass und Klarheit achtender Ueberlegung
aus. Der Principienkampf verschlingt sich mit einem
historischen Gegensatz: die attische Prosa folgt dem
zweiten Princip und hat es zur höchsten Vollendung entwickelt, die ionisch-asiatische rivalisirt mit der Poesie,
wie ich schon früher angedeutet habe. In der hellenistischen Zeit vertraten den Klassicismus die Kunst- und
Stiltheoretiker der peripatetischen Schule und die von
diesen abhängigen alexandrinisch-rhodischen Philologen.
Der Streit entbrannte zu grösster Heftigkeit im ersten
vorchristlichen Jahrhundert. als die alexandrinische Philologie im Bunde mit der peripatetischen Aesthetik die
römische Prosa von dem Barockstil zu befreien suchte
und in Rom, nicht zum wenigsten durch das Eintreten
Caesars, den Sieg davon trug, im lateinischen so gut wie
im griechischen. Der Umstand dass die Philologen so
energisch für den attischen Klassicismus eingetreten waren,
hatte die üble Nebenwirkung dass man glaubte nur dann
klassisch schreiben zu können, wenn man die attische

Prosa genau bis aufs Wort nachahmte, und es unternahm
mit Ignorirung der hellenistischen Entwicklung die Schriftsprache künstlich auf den Standpunkt des 5. und 4. Jahrhunderts zurückzuschrauben. Die Forderung liess sich
thatsächlich nicht erfüllen und führte dazu dass die
griechische Prosa der Kaiserzeit mit geringen Ausnahmen
einen akademisch gespreizten, unlebendigen Ton anschlägt;
aber gebrochen hat man mit dieser Forderung nie, auch
dann nicht als dem Klassizismus im zweiten nachchristlichen Jahrhundert ein gefährlicher Rivale erstand in
dem Barockstil der sich aus den kleinasiatischen Rhetorenschulen entwickelte, an derselben Stelle an der auch
der hellenistische Barockstil entstanden war. Man pflegt
gewöhnlich diese hellenistische Stilrichtung die asianische
Beredsamkeit, jene, erst in der Kaiserzeit entstandene,
die zweite Sophistik zu nennen. Die Namen passen
wenig und haben zu viel Missverständnissen Anlass gegeben; ich nenne die Richtung des älteren Barockstils
hellenistische, die des jüngeren kleinasiatisch-syrische Rhetorik. Denn da die kleinasiatischen Rhetoren des 2. nachchristlichen Jahrhunderts einen starken Zulauf semitischer
Schüler aus den Ländern syrischer Zunge hatten, so ist
hier jedenfalls eine Wechselwirkung eingetreten: wie die
kleinasiatische Rhetorik den gebildeten oder sich bilden
wollenden Syrern die griechische Schriftsprache und die
hellenische allgemeine Bildung erschlossen hat, so haben
die gewandten, ehrgeizigen Syrer, denen das echthellenische
nur bis zur Epidermis gieng, ihre dem griechischen Rhetor halb oder ganz abgeguckte Kunst dazu benutzt um

das Griechenthum zu orientalisiren und zur Auflösung
der hellenischen litterarischen Formen sowohl wie zur
Zersetzung der hellenischen Bildung selbst ein erhebliches
beigetragen. Möglicherweise wiederholt sich hier nur in
der Kaiserzeit ein Process der früher, in hellenistischer
Zeit, schon einmal eingesetzt hatte: denn es ist überhaupt
festzuhalten dass während wir die kleinasiatische Rhetorik
der Kaiserzeit besser kennen als uns lieb ist, wir von
der hellenistischen sehr wenig wissen und uns daher
hüten müssen ihre historische Bedeutung zu unterschätzen.

Diese kleinasiatisch-syrische Rhetorik war, von vielem
anderen abgesehen, dadurch für die griechische Cultur
der Kaiserzeit von grösster Bedeutung dass sie bestrebt
war ihrer Zeit die Poesie zu ersetzen, ein Bestreben das
um so eher von Erfolg gekrönt war als ihr keine bedeutende Poesie das Gleichgewicht hielt wie der hellenistischen die alexandrinische. Die griechische Litteratur
dieser Jahrhunderte bietet das umgekehrte Schauspiel wie
die moderne deutsche: während unsere metrische Poesie
seit Scheffel und Hamerling (diese eingeschlossen) nicht
viel anderes ist als in wenig gute und viel schlechte
Verse umgegossene Rhetorik, ist die griechische Kunstprosa der späteren nachchristlichen Jahrhunderte zum
guten Theil ältere, oft recht gute, rhetorisirte Poesie.
Dem Schicksal rhetorisirt zu werden ist besonders die
alexandrinische Erotik nicht entgangen, und der berühmte
Schäferroman des Longus hat dem vorigen Jahrhundert
und Goethe darum so gut gefallen, weil die französischen
Uebersetzungen das Rhetorische des Urtextes abstreiften

und die echtpoetischen Motive mehr hervortreten liessen. Zu Grunde liegt ihm ein echt alexandrinisch-bukolisches Idyll von einem Hirten und einer Hirtin, die im Frieden der Natur, fern von der Ueppigkeit der Städte, das allmähliche Erwachen der Liebesleidenschaft erleben, deren stufenweises Fortschreiten zu dem in den verschiedenen Jahreszeiten sich verschieden abspielenden Leben der Natur und der nach der Natur sich richtenden Hirten in Beziehung gesetzt ist. Diese schöne Grundlage ist nun aber überfirnisst mit einer unausstehlichen Rhetorik, die, statt die Natur und die Empfindungen zu malen, sich mit ihren Witzen und Effecten spreizt und, was noch schlimmer ist, die vornehm verhaltene, wie ein Feuer unter der Asche unheimlich knisternde und sprühende Sinnlichkeit der alexandrinischen Erotik durch die gemeine Lüsternheit des phrasendrechselnden Pedanten ersetzt.

Trotz alledem ist in des Longus Schäferroman noch immer am meisten poetisches Gold unter dem rhetorischen Schutt zu finden. Die anderen erotischen Erzählungen entlehnen zwar da wo sie die Liebesleidenschaft schildern, auch sehr viel von der alexandrinischen Erotik, aber die Schilderung der Leidenschaft ist ihnen nicht entfernt so die Hauptsache wie dem Longus, dessen einheitlich aufgebauter, ruhig sich abspinnender Roman wohlthuend absticht von dem wüsten Durcheinander jener anderen Erzählungen. Auch wenn ich die Zeit hätte deren Inhalt zu erzählen, würde ich es unterlassen, weil es ganz unmöglich ist bei einmaligem Hören diesen Verschlingungen

und Verkettungen der unwahrscheinlichsten Abenteuer zu
folgen. Man findet ausserdem diese Geschichten alle nacherzählt und charakterisirt in dem classischen, den An-
sprüchen der Wissenschaft und des gebildeten Publicums
gleich gerecht werdenden Buche von Erwin Rohde über
den griechischen Roman, dessen Lectüre nicht dringend
genug empfohlen werden kann. Das Grundschema dieser
Romane bleibt trotz aller Differenzen das gleiche: ein
bildschönes Liebespaar, entweder verheirathet oder durch
den Schwur ewiger Treue an einander gefesselt, verlässt
aus Furcht vor den Eltern, vor Nebenbuhlern, um eines
Orakels willen oder wie immer die Heimath und erlebt
nun die widrigsten Schicksale, in welche die ihrer Freunde
und Feinde sich hineinflechten; sie werden natürlich auch
getrennt, in einigen Romanen geht die Liebhaberin sogar
aus Noth oder falscher Eifersucht eine andere Heirath
ein. Die Schicksale sind: Schiffbruch, Gefangenschaft bei
Räubern oder Piraten, was Gelegenheit giebt Motive aus
der sentimentalen, in der Kaiserzeit sehr beliebten Räuber-
novelle zu entlehnen, Sclaverei, Scheintod, Nachstellungen
durch andere Liebhaber, deren Leidenschaft durch die
Schönheit des Helden oder der Heldin erregt wird. Nachdem all diese Schicksale abgehaspelt sind, finden sich die
Liebenden zum ruhigen Genuss ihres Glückes zusammen.
Der meist glänzend ausgestattete Schluss wird gewöhnlich
herbeigeführt durch Kriegsthaten des Helden oder durch
die Mittel der Wiedererkennung, die in der jüngeren
attischen Komoedie typisch sind. Zu beachten sind die
in zweien dieser Romane am oder gegen den Schluss

eingelegten grossen Gerichtscenen, deren aller Wirklichkeit Hohn sprechende Controversen die Gelegenheit zu funkelnden Proben scharfsinniger Rhetorik geben und an die unmöglichen Streitfälle erinnern, über welche die Schuldeclamation ihre prasselnden und blendenden Sentenzen auszuschütten pflegte.

Denn rhetorisch sind nicht nur diese und andere Reden, Briefe, Monologe, Beschreibungen, rhetorisch ist nicht nur der Stil durchweg, rhetorisch sind vor allem die Figuren dieser Romane. Alle ohne Ausnahme, die Liebenden, die Alten und die Jungen, die Guten und die Bösen, Könige und Räuber, sind declamirende Puppen mit jenem gespreizten, echt rhetorischen Pathos, das nur blendet und nie entzündet; von irgend einer psychologischen Entwicklung, auch nur einer Charakterschilderung, einer inneren Motivirung ist keine Rede. Das gleiche falsche, lärmende Pathos treibt sein Wesen in der Handlung: man muss nur Pathos im antiken Sinne verstehn, nicht von der Leidenschaft des redenden Subjects, sondern von dem Leidensgefühl, der Rührung und Erschütterung die beim Zuhörer und Leser erregt werden soll. Dieses Pathos ist der Preis um welchen jenen erzählenden Rhetoren alles feil ist, um dessen willen sie das Gefühl für das Wahrscheinliche, Menschliche, Gesunde mit Füssen treten und die Abenteuer gar nicht sonderbar, nicht grell, nicht sensationell genug gestalten können. Da es ihnen nur auf das Pathos des Lesers ankommt, ist ihnen der auf dem Ethos der Handelnden ruhende Zusammenhang der Handlung gleichgiltig. Eine blinde,

grausame, neidische Tyche peinigt die Liebenden so lange
wie die Geschichte dauern soll; dann wird sie in die
Ecke gestellt, und der Spektakel ist sofort zu Ende.

Dieses Pathos und diese Tyche sind aber alte Bekannte: sie stammen aus der künstlerisch ausgestalteten,
tragische Allüren annehmenden Geschichtschreibung des
Hellenismus, und in dieser Kunstform möchte ich die
Grundlage sehen, ohne welche der rhetorische Roman der
Kaiserzeit ein litterargeschichtliches Räthsel bleibt. Da die
künstlerische Geschichtschreibung für Quasi-Poesie galt,
kann es nicht verwundern dass die kleinasiatisch-syrische
Rhetorik sie in die Zersetzung mit hineinzieht, der sie die
überkommene Poesie unterwirft. Es ist sehr zu beachten
dass der erste für uns nachweisbare Verfasser dieser
Romane, der Aramaeer Iamblich, sein Buch als babylo-
nische Ueberlieferungen bezeichnet, und dass diese Form
des Titels in den Ephesischen Ueberlieferungen Xenophons,
in den Aethiopischen Ueberlieferungen Heliodors wieder-
kehrt, dass endlich der Kaiser Iulian es geradezu aus-
spricht dass die frei erfundenen erotischen Erzählungen
die Form der Geschichtserzählung hätten. Die künstlerische Historiographie bot Gelegenheit zu glänzenden
Effectstücken, und die hellenistischen Historiker haben es
um des Pathos willen nur zu oft an arbeitsvoller Ver-
tiefung in das Studium der Vergangenheit fehlen lassen:
aber jener kleinasiatisch-syrischen Rhetorik war der ganz
nicht wegzubringende Zwang den die Geschichtserzählung
auferlegte, noch zu viel. Sie griff zur freien Erfindung
und begnügte sich damit diesen Erfindungen dadurch

einen quasihistorischen Charakter zu verleihen dass sie sie
in die Zeiten des persischen oder gar des babylonischen
Reiches verlegte. Die Erotik, die übrigens jener Historiographie auch nicht gefehlt hat, war ein seiner Wirkung
sicheres Reizmittel: soviel Stilgefühl besassen diese Rhetoren allerdings noch dass sie die Erotik ernst hielten
und nur ab und zu ihr ein lüsternes Schwänzchen an-
hängten. Ja der bedeutendste, stilvollste von allen, Helio-
dor, giebt durch die Einführung eines heiligen und wür-
digen Sonnenpriesters sowie dadurch dass er die Heldin
aus dem heiligen Sonnenland der Aethiopen stammen lässt
und dorthin zurückführt, dem Ganzen eine einheitliche,
weihevolle Stimmung, die das Pathos der buntbewegten
Handlung sehr wirksam hebt: sein mit Thukydides riva-
lisirender Stil verräth wie er nach historiographischen
Lorbeeren strebt. Er ist ein Syrer aus Emesa, der
Sonnenstadt: das erklärt die Heliosverehrung. Ein Syrer
ist auch Iamblich, dessen Roman das Prototyp der folgenden ist, und es ist schwerlich Zufall dass zwei Syrer die
Hauptrolle spielen in dieser Schriftstellerei die aus zer-
setzter hellenistischer Erotik und hellenistischer Historiographie hervorgegangen ist. Neben diesen Elementen
spielt, wie nicht zu verwundern, der Reise- und Zauberroman sehr stark mit hinein, gelegentlich wie bei Antonius Diogenes so, dass er dem erotischen das Gleichgewicht
hält: vielleicht ist sogar die freie Namengebung, eine
scharf zu betonende Eigenthümlichkeit der erotischen
Erzählungen, aus dem Reiseroman übernommen.

Einige vor Kurzem gefundene Papyrusfetzen lehren

uns ein früheres Stadium der erotischen Erzählung leider
nur sehr dürftig erkennen. Die Liebesscenen nach alexan-
drinischem Muster entsprechen der Erotik des Romans
der Kaiserzeit, die Erzählung von den Kriegszügen und
Thaten des Helden dem bunten Schicksalswechsel der
das stehende Inventar jenes ist. Aber eine wichtige
Differenz findet sich: der Liebhaber ist Ninos, die Geliebte
Semiramis, also nach griechischer Auffassung zwei historische Gestalten. Ich finde darin eine erwünschte Be-
stätigung meiner Ansicht, da hier der unmittelbare Zusammenhang des Romans mit der Geschichtschreibung klar
vorliegt, und wage die Vermuthung dass die den Roman
erzeugende Zersetzung der historiographischen Kunstform
schon in der hellenistischen Epoche manche Stadien
durchlaufen hat, ehe sie in die Producte der kleinasiatisch-
syrischen Rhetorik ausmündete.

Den Einfluss des Romanhaften auf die jüdisch-
griechische und die christliche Litteratur auseinanderzu-
setzen liegt ausserhalb der Grenzen die ich mir gesteckt habe.·